JN021092

ミント
東広島
クリニック

KIRIN
Bamos
24
TOYO
H·R·D
Engineer
NOVA

轍学

広島ドラゴンフライズ朝山正悟　人生のルールブック

まえがき

人は正直であるべきだ。積み重ねた努力は尊い。私利私欲に走ってはいけない。嘘をついてはいけない。仲間を大事にしよう。

あたりまえの言葉だが、そのままでは心に響かないことがある。だからこそ、先人たちは、「北風と太陽」や「金の斧、銀の斧」に教訓を託したのだろう。桃太郎が鬼退治に向かうことも、キジやサルが仲間になるのも、メッセージを届けるための工夫であったはずだ。

スポーツこそ、「あたりまえ」の行動原則が大事になる。なぜならば、そこにはルールがあるからだ。塁に出たランナーを進め、ホームベースに到達した数を競う。手を使わずに、ボールをゴールに入れた数を競う。あらゆる競技はルールに基づいてチーム全体での勝利を目指す。目的と手段が明確だからこそ、行動の原理原則は明確になる。

あたりまえのことをあたりまえに語り、心に届けられる人物は稀有(けう)である。私の25年間にわたるスポーツ取材の経験で、それができるのは数人だった。

広島ドラゴンフライズの顔、朝山正悟だ。2015年以来、在籍9年、クラブ草創期から戦ってきたミスタードラゴンフライズである。42歳の2023―24シーズン限りでの現役引退を表明している。

プレーヤーとして日本代表の経験もあり、チームの中でもトップクラスの実績を誇る。実力もあるが、人気もある。地元の大手企業がテレビCMに起用する。ローカル局でレギュラーコメンテーターも務める。なにより、アリーナからの声援の「濃さ」である。あのとき、朝山にサインをもらった。朝山に笑顔で接してもらった。朝山に生きる勇気をもらった。そんな背景が、声援に独特の色を与えている。

いつも正しいメッセージを発してきた。プロバスケットボールクラブの草創期、彼の言葉は羅針盤になってきた。

「ブースター（ファン）とのふれあいは力になる」

「つねに全力で、最後の1秒まで泥臭く取り組もう」

「逃げない。苦難も真っ向から受け止める」

「仲間を大事にする。試合に出ていなくても役割はある」

熱い男は、チームスポーツに欠かせない原理原則を説いてきた。興味深いのは、朝山の言葉は人の心に響くのだ。正論ではあるが、説教くさくない。温度は高いが、暑苦しくない。実際、この書籍を手がけることの決め手も、チームメイトの言葉だった。

「朝山さんの言葉って、本当に胸に響きます。ひとつひとつ覚えていますし、共感します。それをまとめた本があれば、絶対に読みたいです」

朝山より16歳若いドラゴンフライズのスター選手、寺嶋良の言葉である。会社でも、学校でも、地域でも、先人の人生訓に一定の重要性は認めながら、苦々しい表情で耳を傾ける若者は少なくない。

それが、どうだ。朝山の言葉は、求められている。彼自身、ラストシーズン、最後の1日までチームメイトに語りかける決意だ。それが、中心選手のミッションであろう。一方で、我々のミッションは、そのメッセージを残すことだ。言葉に無限の生命を与え、「バイブル」や「経典」のようになることを願う。

この本は、42歳を迎えた朝山との問答である。こちらが、漠然としたテーマを投げかける。すると、彼はアスリート人生で学んだ原理原則について語り始める。口を大きく開けて、よく響く声で喋る。取材が2時間に及んでも、そのテンションは落ちることがない。

エネルギーや情熱だけではない。驚くほどに理路整然としている。人生経験に基づいたメッセージを聞き終えると、納得ができる。

「ブースター（ファン）とのふれあいを大事にしよう」

「つねに全力で、最後の1秒まで泥臭く取り組もう」

「逃げない。苦難も真っ向から受け止めよう」

「仲間を大事にしよう。試合に出ていなくてもできる役割を探そう」

その説得力に、行動は変わるはずである。その証拠に、かつて戦力不足に苦しんだ地方クラブはB1（Bリーグ1部）に昇格し、ビッグクラブと伍して戦えるまでになっている。

文字の並びだけを追えば、綺麗ごとのように見えるかもしれない。しかし、彼の言葉には力がある。納得できる、共感できる、行動したくなる。朝山のメッセージは驚くほどに理路整然としていて、かつ、熱い。それは、国語のようで、道徳のようで、数学のようだ。

グリム童話も、イソップ寓話も、日本昔話も、このように生まれたのかと妄想したくなる。本書のテーマは、朝山の「哲学」である。むしろ、彼の歩んだ道から生まれた「轍学（てつがく）」と呼んだほうがよいだろう。

何百年もの時代を超える保証はないが、同時代を生きる我々には強烈に響くことだろう。そんな問答をイメージしてほしい。

身長192センチの男が、大きな声でハキハキと語る。苦しいときの話も楽しそうだ。出会ったすべての人が大好きなようだ。どこまでも夢を信じる少年のようだ。

嘘も、恨みも、やっかみもない。それでいて、波乱万丈。

そんな声が聞こえてくる。

目次

限界を決めない

「戦術」より「哲学」

仕事も家庭も「100：100」

協力	朝山正悟
	寺嶋良
	原田利行　小島豊　森田憲吾
	広島ドラゴンフライズ
コーディネイト	三村諒
写真	元圭一 (株)LIFE MARKET PRODUCE
参考文献	『朱に交われば朱くなる』(秀和システム)
プロデュース	笠間英紀　高山英幸
デザイン	黄川田洋志
編集	江國晴子
校閲・編集協力	小永吉陽子

逃げない、断らない

プロアスリートとしてのルールブック

すべてに全力。これが朝山正悟の魅力である。

それは試合中だけではなく、試合後にも凝縮されている。試合に敗れても、直前まで激突したライバルたちをリスペクトの拍手で送り出す。悔しさもあろうが、声援を送ってくれたアリーナの隅々にまで手を振る。かつては、出待ちをするファンと握手を交わし、記念撮影にも応じていた。

記者会見も、勝敗に左右されず「説明責任」を果たす。質問が的確だろうが、そうでなかろうが、バスケットボールを届けることにおいて、メディアも仲間である。心境も、戦術も、反省も、可能な限りの言葉を振り絞る。

シーズン中。試合前。コンディショニング……。

関係ない。バスケットボールに、広島ドラゴンフライズに、プラスになることはすべてやる。シーズン中のテレビ出演、イベント対応、広島にバスケットボールの風景が広がるならば、朝山の答えは、すべてにおいて「ＹＥＳ」なのだ。

肉体面だけを考えれば、リカバリーに努めるほうがよいだろう。しかし、あの睡眠３時間のヘッドコーチ兼任の時代を思えば……大怪我でバスケットボールができないことを思えば……まだまだやれる。

つねに真っ向勝負の42歳。心意気だけではない。そこには、追い求める理想とロジックがある。

そんなプロアスリートとしてのルールブック。90分間に及んだ、引退会見から見ていくとしよう。

たとえ敗れても、アリーナの隅々まで大きく手を振る

ルール 01 説明する責任もあれば、説明する喜びもある

シーズン開幕直前の引退会見だった。キャリア20年、広島ドラゴンフライズを草創期から引っ張ってきた「顔」である。チームにもブースターにも、真正面から向き合ってきた。それだけに、すべてをクリアにしてラストシーズンに挑みたかった。

42歳、笑みを浮かべながらの明瞭な語り口は変わらない。いいときばかりではない。試合に敗れたときも、チームを取り巻く環境が厳しいときも、同じだった。いつも、朝山正悟は「説明責任」を十分すぎるくらいに果たしてきた。

２０２３年9月28日、キャリアに終止符を打つ記者会見でもスタンスは変わらなかった。岡崎修司ＧＭと共に報道陣の質問を受け、会見場は「おひらき」のムードが漂

った。

すると、朝山は報道陣に語りかけた。

「本当にせっかくなので、何かくだらないことでも質問がありましたら受け付けますよ」

会見場の空気感はほぐれ、まるで会話を楽しむように、Bリーグ全体のこと、広島カープのこと、メディアについて……朝山は語り続けた。記者会見は90分に及んだ。のちに、ドラゴンフライズは全文をホームページで公開した。その文字数は2万文字を超えていた。

「文字起こしが2万文字。クラブのスタッフに申し訳ないですね。大変だったと思います。あの文面を読んだ人からは、口々に『長いですね』って言われました。でも『アサさん（朝山）らしいですね』とも言われました。ちゃんと話すことができてよかったです。自分にとっては、あっという間の時間でした」

いくら言葉を尽くしても惜しくない。朝山は、すべてをクリアにしてラストシーズンに挑みたかったのだ。

「引退を決めて、情報が世間に出る前に、恩師や仲間など伝えるべき人に伝えようとは思いました。でも、あまりにもたくさんの人との出会いがあったので、伝えきれていないところもあったように思います。ですから、記者会見でしっかり話そうとしました」

一度は、広報担当が会見終了を告げている。しかし、朝山は制止して続行した。

「まだ自分の思いをすべて話せていないように思いました。バスケットボールが広島で盛り上がったのは、メディアの力が大きいです。メディアを通じて、携わってくれたすべての人に思いを伝えようと考えました」

隠し事はしない。情報は共有する。喜びも憤りも分かち合ってきた。飾らないことの強さを、朝山は実感している。

「若いときって、自分をかっこよく強く見せたいものです。誇示したくなる部分もあります。それがモチベーションになる時期もあります」

朝山は2004年に日立サンロッカーズでキャリアをスタートさせている。まだ試合会場に空席が目立った時代である。Bリーグの前身であるJBLではオールスターにも出場し、日本代表にも選出されたスタープレーヤーだ。

「キャリアの中で、自分がずっと鎧を着ているような感覚になった時期がありました。

それで、身動きが取れなくなって苦しいこともあったのが本音です。自分の生き方を考えるようになり、プレーヤーである前に一人の人間としてどうなのか自問自答するようにもなりました。いろんな人に助けられてきたのに、自分だけ強く見せることが嫌になりました。つねに素でいようと思うようになりました」

つくられたものに興味はない。長い風雪に耐え、自ずと培われたものにリスペクトを抱く。

「新井さんに嫉妬しますよ」

最近の朝山が口にした言葉である。

カープの新井貴浩監督である。深い親交があるわけではないが、伝わる物語をたどるだけでも朝山の胸を震わせるものがある。ドラフト6位で入団した若者が、伝統の猛練習に耐えてレギュラーポジションをつかみ、一度はFA宣言でチームを離れながらも、カープに復帰。熱い声援を受け、粉骨砕身を誓い、愛するチームをセ・リーグ3連覇に導く物語である。しかも、2023年からは監督に就任し、心の通ったチームづくりで郷土に明るいニュースを届けている。

「新井さんや黒田（博樹）さんが築いてこられたものの凄さです。ベテラン2人が率先してチームの雰囲気をつくって、カープが優勝する。あの姿に憧れがありました。新井さんは監督になられましたが、現役選手時代からチームのことを考えてやってこられたのだと思います。ずっと全力プレーや自己犠牲を考えてこられたはずです。だから、監督になっても愛されるチームにできるのだと思います。僕は野球のことはわかりませんが、普段からそういう感性は持って物事を見ているつもりです」

チームカラーは一朝一夕で生まれるものではない。ドラゴンフライズの10年間も濃密だ。経営難、オーナー交代、ヘッドコーチ解任、さまざまな辛苦も味わってきた。そして、B1昇格をつかみ取った。それでも、チームのカルチャーが完成したとは言い難い。チーム草創期の苦労を経験し、汗を流し、考え、語り継ぐ。このサイクルを繰り返して、チームは厚みを増していく。朝山はドラゴンフライズの10年間に真正面から向き合ってきた。しかし、それだけでは十分ではない。後輩に語り継ぎ、喜怒哀楽を共有することが必要になってくるのだ。

朝山は、将来的に指導者を志している。ライセンス取得の中で、バスケットボールの戦略や戦術を深く学びなおした。ただ、指導者に真に求められるのは、そこばかりではないと考えている。

「人を扱うメソッドです。モチベーションの上げ方です。一緒に戦っていることを、新井監督のように表現することです。マニュアルで語れないものを、自分の姿勢で示すことができればいいですね」

高校より大学。大学より社会人。社会人より、プロ。競技のレベルが上がるほど、戦略・戦術ではない気がしている。

「プロの世界、いろんな人間関係があります。ゴタゴタもあります。だって、超一流のスター選手が入ってきても、外国籍選手との兼ね合いで試合に出られないことだってあるわけですから。逆に、自分は、毎年各チーム1~2人が入団できればという時代にギリギリで日立サンロッカーズに入れ、そんな人間が20年も現役でやらせてもらえました。誰よりも上手ではなかったですが、誰よりも人に恵まれました。結局、人だと思います。コミュニケーションだと思います」

2万文字の引退会見。そこには、朝山正悟が現役20年間で最も大事にした価値観が凝縮されていた。チームは、その全文を記録し、公開した。ミスタードラゴンフライズの魂は、クラブの隅々に至るまで届いている。

ルール
02

仲間に託される条件、それは100パーセントの準備

故障が癒えないまま試合に出場することもある。むしろ、体調が万全の試合のほうが少ない。42歳、一般的には、肉体面の不安が頭をよぎっても不思議ではない。それでも、いざ戦いが始まると、朝山には確信のようなものがある。

「コートの中に入れば、やれる」

「試合になれば、年齢は関係ない」

いくつになっても、その自信は揺らがない。ならば、なぜ現役引退を決めたのであろうか？　実際、ラストシーズンと決めた2023シーズンのプレーを見ていても、フィジカル面の顕著な衰えは見られない。プレータイムこそ短くなったが、ゲームの

局面を打開する力は健在だ。それどころか展開を打破するために出力を高めているような印象すらある。

「引退の理由は、準備することに不安を覚えるようになったことです。試合への不安ではありません。試合では、やる以上は１００パーセント。自分で決めたことです。でも、そこに持っていく準備の中で、不安を感じることが増えてきたのです」

シュートを決めたかどうかではない。そもそも個人スタッツ（成績）に関心は示さない。プロセスにこそ、朝山はこだわってきた。その積み重ねこそが勲章である。

忘れられない試合がある。２０２０年1月4日、B２（Bリーグ２部）でドラゴンフライズは茨城ロボッツと対戦した。第3クォーター途中まで僅差ながらロボッツが優勢で進むが、第4クォーターにドラゴンフライズが追い上げて一進一退。残り40秒でドラゴンフライズは1点を追っていた。ここでドラゴンフライズはタイムアウトを要求、ベンチは朝山にシュートを打たせるデザインプレーを指示した。

試合再開、やはり朝山にボールは集められた。そして、託されたシュートを打ち切り、スリーポイント。勝利を決定的にし、会場の広島サンプラザの熱気は最高潮に達した。

「チームメイトのみんなが動いてくれて、シュートを打たせてもらいました。それを決めることができたのは最高です」

興奮の理由は、シュートが決まったことだけではない。残り40秒という究極の場面で、仲間に（シュートを）託されたということである。

「勝利を決めるシュートを打ったのではありません。試合を決めるシュートを『打たせてもらった』のです」

託される人間になるには、信頼が必要である。それを、準備の段階から構築していく必要があるのだ。

「共感して、託してもらう。その背景がないと、シュートは打てません」

練習への向き合い方も大事である。常日頃から、チームを背負う責任感も滲ませないといけない。チーム内での言動も無関係ではない。

翻って、2023年、朝山の心境に変化が生じていた。

「朝に起きたときの、体・心。練習に向かうまでのメンタル。練習後の疲労。ひとつひとつを考えると、難しいと思う日も増えてきました。コートに入れば、年齢は関係ありません。でも、コートっていうのは準備したものを発揮する場所です。そう考えれば、準備の段階で不安があっては戦えません。シュートが入るか入らないかは問題ではないです。でも、プロセスは絶対に譲れません」

試合の勝敗は、スコアで決まる。出場機会は、首脳陣が決める。しかし、コートに立つ資格は自分自身が判断する。自分へのハードルは下げるわけにはいかない。譲れない一線こそが、プロのプライドである。キャリア20年、このハードルを1ミリも下げなかったから、朝山は第一線で戦い続けることができた。そこを知るからこそ、仲間たちは、彼にシュートを託してきたのだろう。

ルール03 裏切ってはいけない人は、絶対に裏切らない

バスケットボールに人生のすべてを捧げてきた。そんな男のリラックスタイムはサウナである。汗を流しながら、無心になる。じっと下を向きながら、滴る汗を実感する。しばし無心になれる時間だ。すると、周囲のお客さんの声が耳に入ってくることがある。

「お風呂やサウナで、お客さんがスポーツの話で盛り上がっているのが聞こえてくることがあります。カープやサンフレッチェ広島の話で熱くなっているのです。広島では、日常の中にスポーツが浸透しています。こういうところでバスケットボールの話が聞こえてくるようにしたいですね」

広島は、プロ野球やJリーグを中心にスポーツに熱狂的な土地柄だ。2015年、朝山は移籍でドラゴンフライズにやってきた。その第一印象も強烈なものだった。

「引越しの家探しをしていると、カープの帽子をかぶった子供やカープTシャツの子供がランドセルを背負って歩いていました。そこに、大きな可能性を感じました。ここならバスケットボールも好きになってもらえる。そんな思いが、自分のモチベーションになりました」

当時のドラゴンフライズは創設2年目、観客も1000人に満たないことが多く、地域に浸透しているとは言えない状況だった。

「あの頃ですね。オフにトレーニングを終えて、汗びっしょりのジャージ姿、身長192センチでヒゲを生やした僕がマンションのエレベーターに乗り込むと、ランドセルの少女が逃げて行ったことがありました」

それでも、朝山は、早い段階から「選手生活を広島で終える」と決めていた。決定的な理由がある。

移籍1年目の11月、左膝前十字靭帯を損傷、全治8カ月の大怪我に見舞われた。バスケットボールプレーヤーとしてはベテランの域に入った34歳、進退も考えた。

そんな気持ちを変えたのが、ファンの存在だった。試合会場には、朝山が欠場していても「背番号2」のユニフォームを着用したファンがいた。激励の横断幕もあった。メッセージや千羽鶴が本人のもとに届けられた。

「もう一度ユニフォームを着たい。あのコートに立ちたい。そんな気持ちになりました。ああいう形で自分を待ってくれる人たちに恩返ししたいと思いました」

これまで、Bリーグ誕生以前のバスケットボール界に身を置いてきた。企業を母体とするチームでプレーする時間が長く、この感覚は新鮮だった。

「これまでも地域に支えられていましたが、ここまで地域に愛してもらったのは初めてです。可能性があるなら、なんとか復帰したいと思いました」

自分自身の復活ロードだけではない。ドラゴンフライズの多難な草創期もオーバーラップする。

「まだクラブとして未完成で運営も含めて大変だったときに、たくさんの人が支えてくれました。この地で、人の熱さと温かさに触れました。一緒に成長していこうという雰囲気がありました。なかなかこういう土地柄は経験したことがありません。早い段階から、このドラゴンフライズで全力を尽くして、ユニフォームはこの地で脱ごうと心に決めていました」

２０２２-23シーズン、広島ドラゴンフライズは1試合平均３３３５人と過去最多の入場者数（当時）を記録した。２０２６年に始まる新Ｂ１（Ｂプレミア）参入に向けての目標となる「４０００人」も射程圏内である。

地域のイベントをまわり、バスケットボールに触れてもらった。チケットやチラシを配ることもあった。企業などの食事会では、バスケットボールの未来を語った。そんな日々の結晶が、チームカラーの朱色に染まるアリーナだ。

42歳、晩年になった朝山は、バスケットボールを取り巻く風景の変化を実感している。

「この前、外を走っていると、付近の学校の窓が開いて『朝山選手!!』って叫ぶ声が聞こえるのです。下校中の子供も声をかけてくれることがあります。『試合見てね』『はい、今度行ってみます』。そんなやりとりができるようになりました」

神奈川出身の彼が広島にやってきた最大の理由は、当時のヘッドコーチ・佐古賢一の存在が大きかった。インターハイ優勝、全日本総合選手権（天皇杯）優勝12回、ＪＢＬ（日本リーグを含む）優勝９回、国際バスケットボール連盟（ＦＩＢＡ）の殿堂入りも果たしているバスケットボール界のレジェンドである。2014年、広島ドラゴンフライズ初代ヘッドコーチに就任したが、2017年、B1昇格を果たせなかったため、彼は辞任を申し出た。

「佐古さんがいて、佐古さんとやりたくて広島にやってきました。最初は、縁もゆかりもなかったですが、佐古さんの思いを聞いて、人とのつながりができて、故障したときの声援があった。何か恩返しをしたいという気持ちが芽生えてきました」

広島を去るとき、佐古は朝山に告げた。

「ここからの広島を頼む」

今、その取り組みが間違いではなかったことを肌で感じている。チームは地域に根づき、日々の生活にバスケットボールが溶け込んでいる。

「あのフリースローは決めないといけないでしょ」

「あのスリーポイントシュートは凄かった」

もっと、そんな声が聞こえてくるように。朝山は、引退の瞬間まで、死力を尽くす。

ルール 04

どんな困難も、真正面から「受けて立つ」

あれほど睡眠時間を削った時期はない。現役選手であり、ヘッドコーチであり、クラブの営業活動にもコミットしていた。36歳、2年前に膝を故障。それでなくても、コンディションに心を配りたいところだ。

小学生の子供と午前6時30分に起床する。そこから全体練習前の午前中はウエイトトレーニングやコンディショニングに充ててきたが、そんなルーティンは奪われてしまった。睡眠時間は3～4時間。試合にほぼフル出場も果たせば、ファンサービスにも全力だった。

あの「激動」のシーズンが、朝山の土台になっている。

忘れもしない。２０１７年11月27日の朝だった。朝山は、いつものようにウエイトトレーニングをしていた。そのとき、トレーニング施設に連絡が入った。

「トレーニング中で携帯電話は手にしていません。でも、わざわざ施設に電話が入るって、よほどのことですよね。身内に何かあったのかと思いました」

違った。このシーズン、ドラゴンフライズは成績が振るわず、ジェイミー・アンドリセビッチヘッドコーチが解任となったのだ。さらに、後任となったタナー・マセーアシスタントコーチも、２試合の指揮を執った週明けに帰国してしまった。チームは指揮官不在という不測の事態に陥ったことが朝山に告げられた。

チームは練習会場に集まったが、状況を報告しただけで解散。練習ができる状況ではなかった。この夜、朝山やチームスタッフはクラブ事務所で深夜まで協議を重ねた。次の試合前日までに体制を固めなければ、不戦敗になってしまう。猶予は３日間しかない。

翌11月28日、話し合いは深夜まで及ぶ。Ｂ２で指揮を執るためには、Ａ級ライセンスが必要になる。人材の外部招聘にも時間があまりにない。

深夜３時過ぎ、結論が出た。キャプテン朝山のヘッドコーチ兼任である。

ベストアンサーではない。「苦渋の選択」だった。実際、選手兼ヘッドコーチについて朝山とクラブは詳細な契約を詰めていない。そんな時間すらなかった。

朝山体制でチームはアウェーで2連勝。12月9日の岩手ビッグブルズ戦で本拠地の広島サンプラザに戻ると、クラブ史上最多(当時)の4545人の観客が出迎えた。

「不安が先行していて、プレッシャーも感じていました。周囲の気持ちが離れていくことも感じていました。ブースターのみなさんも不安だったと思います。それが、あの大観衆ですよ、選手は燃え上がったはずです」

不安を抱えながらも、朝山は燃えた。選手兼ヘッドコーチ。しかも、ドラゴンフライズはクラブとしても発展途上だった。

練習メニュー、マネジメント、自分自身のトレーニング。対戦相手の情報もチェックしないといけない。ファンサービスもあれば、チームの広報活動もある。

「ここは踏ん張りどころだと思いました。カギは人です。人とのつながりだけは大事にしたかったです。体は辛かったですが、必死でした」

タスクの取捨選択はしなかった。対戦相手の映像が簡単に手に入る時代ではない。自分で試合の配信映像をチェックし、相手チームへの対策を練った。メディア出演も断らなかった。関係者との会食の声がかかれば、参加した。深夜に帰宅すると、再び、翌日の練習内容を考えた。頭を整理することなどできなかった。目の前のことすべてに、全力でぶつかった。

「プレーヤーなのか、コーチなのか。営業活動のようなこともやっていました。すべてにおいて全力でした」

強烈な半年間だったが、この経験は朝山の成長につながった。

「今思えば、あの時間に感謝しかありません。自分の視野も広がり、考え方も変わりました。我慢強くもなれましたし、あらゆることを『受けて立つ』ことができるようになりました。大変なことがあっても、開き直ることができるようになりました」

一流選手である。コートの中では、どんな展開になろうと切り替えることはできていた。しかし、コート外では同じようにはいかない。

「なんで自分が、こんなことをしなきゃいけないのか？」

そんな思いもゼロではなかった。それが、激動の時間を乗り越えて、「受けて立つ。やれることは全部やる」という心境になった。

2018年、新ヘッドコーチに尺野将太が就任した。異例の体制は一段落となり、朝山はプレーヤーに専念できるようになった。すると、選手としての視野の広がりを実感する。

「ゲームの流れが見えるようになりました。ヘッドコーチが求めること、相手ベンチの嫌がること、全体が見られるようになった気がします」

あの時代、広島ドラゴンフライズはB1昇格を果たせず、B2リーグを戦っていた。バスケットボールも未完成なら、組織としても未完成だった。プレーヤーとしてのことを考えれば、B1チームから移籍の誘いもあった。しかし、心に決めたチームで困難に立ち向かったことは大きな財産となった。

「何が起こっても、まずはやってやろう。しかも、楽しんで、受けて立つ。大変なときや上手くいかないときこそ、自分が問われている。こういった考えは、自分のベースになりました」

『人間に必要なことは困ることだ。

絶体絶命に追い込まれたときに出る力が本当の力です』（本田宗一郎）

あのとき朝山が目にした景色は、広島ドラゴンフライズの羅針盤になっていく。ここから、クラブはB1昇格を果たし、満員のアリーナを目にするようになるのだ。

ルール05
覚悟を決めたら、最後までやり通せ

シーズン中もテレビ番組の出演を続けている。ゲスト出演だけではない。地元ローカル局では、コメンテーターとしてのレギュラー出演である。試合や練習に支障がないように、高い確率でオフになる月曜日が中心だ。Bリーグの試合は週末が多い。連戦を終えた翌日の月曜日は「練習なし」で疲労回復に努めることが通例だ。

選手の目線で想像してみたい。試合の半分は、移動を伴う遠征になる。日曜午後の試合を終えて地元に帰ると、24時過ぎになっていることも少なくない。そこから、すぐに就寝できるわけではない。

「遠征の荷物を片づけて、試合を頭の中で振り返っていると、たいして眠れないものです。ほとんど睡眠時間がないままテレビ局に向かうこともありましたね」

午前の番組ならば、朝8時前に自宅を出ることになる。しかし、スタジオの朝山は笑顔を絶やすことがない。前日が敗戦でも、睡眠が十分でなくても、いつもの朝山なのである。そこには、確固たる信念がある。

「コートの外でもチャレンジしたいです。この広島でバスケットボールをやっていくと覚悟は決めていますから、もっと競技やチームのことを知ってもらいたいです」

草創期のドラゴンフライズの苦労は知っている。ユニフォームにスポンサーがつかない時期もあった。観客動員は1試合1000人を下回ることもあった。マスコミの注目度も高くはなかった。2014年、日本代表のスタープレーヤー竹内公輔が入団するときも、記者会見場は寂しいものだった。

ドラゴンフライズの清水敬司専務取締役（当時）に後日談を聞いたことがある。

「スター選手の加入ということで、入団会見場をファンの方にも開放したのですが、30人くらいしか来ていませんでした。しかも、そのうち何人かは、関係者サイドからお声がけさせていただいた人でした。竹内選手にも、この補強に携わったスタッフにも申し訳ない気持ちでした」

クラブ創設10年、選手やスタッフの取り組みが実を結んだ。試合会場は４０００人のファンで埋まり、メディアでは試合結果はもちろん、選手の素顔に迫る特集も組まれるようになった。そんな「草の根」の奮闘の象徴が朝山であることに誰も異論はないだろう。

「最初の試合会場は何百人でした。それが、１０００人になり、２０００人になり、３０００人になり。今は、コンスタントに４０００人を目指すようになりました。でも、まだまだです。カープの試合には3万人ですよ。もっと、バスケットボールやドラゴンフライズを認知してもらう必要があります」

企業チーム、プロチーム。社員契約、プロ契約。20年間のキャリアで、朝山はあらゆる経験を積んできた。どうすれば試合を多くの人に見てもらえるのか、その答えは「人」にあると信じている。

「いきなりバスケットボールの試合を見に来ることって、初めての人にはハードルが高いかもしれません。まずは、人を知ってもらうことだと思います。例えば、僕を知ってもらって、『試合会場に行ってみよう』と。もちろん、他の選手でも構わないです。そこでバスケットボールの面白さを感じ、お気に入りの選手でも見つかれば最高ですよね。ですから、コート以外でも120パーセントでやってやろうと思っています」

スポーツビジネスを理論として学んだわけではない。しかし、この方向性は多くのプロスポーツチームが目指すところである。

野球の独立リーグなどでも聞く話である。地域のイベントや学校行事に参加するときには、地元の農作業にも参画する。すると、選手と地域は「顔見知り」になる。地域の人にとって、試合会場に足を運ぶことは、「親戚のお兄ちゃん」の応援に行くことに同義となってくる。プロの技術を目にすれば、今度は、その興奮がリピーターを生み出していくのだ。

スポーツには勝利至上主義も色濃く残っている。ただ、それはコート内での話である。朝山は、若い頃から、こんなことを考えていた。

「日本代表が強くなれば、自分たちの試合会場にたくさんの人が来てくれるのか？そこはどうなのだろうか？　日本代表の勝利とイコールでバスケットボール全体が盛り上がるのか？」

一定の相関関係はあるだろう。しかし、それが正比例のグラフでないことを肌で感じることもあった。

朝山は2009年から4シーズン、Bリーグの前身であるJBLの名門アイシンシーホース（現・シーホース三河）でプレーしている。このチームは愛知県刈谷市を拠点に、リーグ制覇6回、天皇杯制覇9回のタイトルを獲得している。佐古賢一らを中心にした人間ドラマは、『ファイブ』としてノンフィクション小説や漫画、テレビドラマ化されている。

「あのとき、チームが優勝をしていても、体育館は必ずしも満員にはなっていませんでした。むしろ同じ愛知県でも東部にある豊橋のチームがバスケットボールで盛り上がっている印象がありました」

愛知県南東部、渥美半島の付け根にあたる豊橋市、人口は約37万人。かつては製糸や紡績業が盛んなエリアだった。現在は、西部に臨海工業地帯、南部には戦後に開拓された農地が広がる（豊橋市ホームページより）。

朝山は、この地でプレーした経験がある。むしろ、この3シーズンが、今の活動のベースになっている気がしてならない。

ルール06
「人」からもらえるパワーがある

試合会場でのファンサービスが確立されていなかった時代である。観客数も今のように多くはない。ドラゴンフライズの本拠地・広島サンプラザでは「出待ち対応」なるものがあった。試合後、ファンは決められたエリアで、マナーの範囲内で、選手に声をかけることができた。公式イベントではないだけに、対応の範囲や内容は、選手に委ねられるところが大きい（新型コロナ禍以降は、感染や安全対策でなくなっている）。

朝山は、このファンサービスに熱心だった。試合終了後である。写真撮影やサインの要望に応え、激励の言葉を受ける。1時間半にわたって対応していることも珍しくなかった。勝利の試合ばかりではない。負けたあとも、彼はファンとのコミュニケーションを大事にしていた。2連戦で、翌日に試合があっても、億劫になることはない。

「人間ですから、試合に負けて、悔しい気持ちを整理できていない日もあったと思います。写真でも、自分は笑顔のつもりでも表情は違っていたはずです。でも、ファンサービスに勝敗は関係ありません。自分としては、やらなかった日はありません」

むしろ、敗戦後に不思議な経験もしている。

「試合に負けて悔しさを引きずっていても、ファンの人とふれあうなかで気持ちが切り替えられることがありました。最初は『くそ‼』と思っていても、最後には満面の笑みでピースサインしていることもありました」

ファンの力を実感することがある。アウェーでの敗戦だ。遠征先では、試合が終わると選手はバスに乗って宿舎に直行する。窓の外にファンの激励が聞こえることはあっても、コミュニケーションをとるタイミングはない。自室に戻ると、あとは一人で過ごす。

「部屋で、一晩中モヤモヤすることがあります。なにか、試合で敗れたことを消化できていない自分がいます。ファンの人とふれあっていれば、『もっと頑張ろう』って前を向けるのに。気持ちの整理がつきません。だから、思います。ファンの人たちからパワーをもらわないのは、もったいないです」

朝山のファンコミュニケーションには、原点がある。24歳のとき、愛知県豊橋市を中心に展開するOSGフェニックス（現・三遠ネオフェニックス）に移籍したことである。愛知県豊川市の総合切削工具メーカーOSGのバスケットボール部として1965年に創部、日本リーグからJBLを戦い、今のBリーグへと歴史がつながっている。

現在、愛知県には3つのプロバスケットボールチームがある。アイシン精機バスケットボール部を源流とするシーホース三河、豊田通商バスケットボール部から発展したファイティングイーグルス名古屋、そして、OSGからの歴史を汲む三遠ネオフェニックスだ。

朝山が24歳当時、日本のバスケットボール界は、王者であるアイシンが引っ張っていた。同県内でありながら、バスケットボール界の目線は、アイシンに集中していた。

「でも、OSGフェニックスは観客が多かったです。試合会場の体育館はパンパンにお客さんが入っていたイメージです。優勝チームのアイシンでも、なかなか満員の光景はなかったですから、町全体が盛り上がっていたのだと思います」

朝山加入の直近となる2004－05シーズン、OSGフェニックスはJBLスーパーリーグ6位に終わっている。一方、アイシンシーホースは天皇杯4連覇中だった。

「でもチームとしては凄くまとまっていました。弱小から這い上がっていく途上にあって、地方のチームではありますが、勝って、認められるチームになろうという雰囲気がありました。それに、ファンサービスがあたりまえという空気もありました」

OSGフェニックスはファンサービスに厚かった。試合が終わると、勝敗に関係なくサイン会である。主力の朝山や川村卓也も例外ではない。その記憶は強烈なものがある。

「サインをしていても、終わる気配がありませんでした。毎試合、会場に来てくれた人全員とふれあっているくらいの感覚でした。リピーターの人も多く、ファンの方々の顔もたくさん覚えました」

チームは地域に着々と根づいていった。チームは翌2005－06シーズンで準優勝に輝いた。一体感のあるチームと地域の熱い応援、朝山は新天地で充実感を味わった。あの豊橋での3年は、彼の土台になっている。ファンサービスがシステム化されている時代ではないが、その「手づくり感」も地域密着の武器になっていた。

「バスケットボールをまだ知らない人を巻き込むには、『人』から始まるしかありません。選手一人一人を知ってもらって、そこからバスケットの試合です。とにかく応援してほしかった。とにかくバスケットボールを知ってほしかった。だから必死でした。応援してもらえるチームの雰囲気って、とても大事だと思います」

ファンサービスの先頭に立っていた先輩がいる。チーム生え抜きの中心選手・鹿毛(かげ)誠一郎だ。身長2メートル。「カゲっち」の愛称で、引退後もファンに愛され、引退後もチームのGMやアンバサダーを歴任している。今なお、バスケット教室のみならず、地域イベントや田植え体験にも参加。地域密着の象徴的存在である。

「先輩ですけど、本当に一生懸命ファンサービスをやって、とても愛されていました。まだ給料も多い時代ではなかったですけど、よくステーキをご馳走してくれて励ましてくれました」

20年のキャリア、朝山はたくさんの背中を見てきた。今、ファンを大事にする朝山に、19年前の「カゲっち」の姿が透けて見える。

この人に聞く

鹿毛誠一郎

三遠ネオフェニックスアンバサダー

朝山正悟　地域愛の原点を訪ねて

オフ返上でメディア出演、サインや写真撮影もできる限り対応する。試合会場では、スタンドの隅々にまで手を振りたい。本人からすれば「あたりまえ」。周囲からすれば「神対応」。そんな積み重ねが、6チーム20年間のキャリアの礎となった。

「凄いなって思います。42歳でしょ。彼がここまで選手生活を続けるとは思いませんでした。プレースタイルもガンガンいくタイプでしたから、長くやるとは想像ができませんでした。スタイルも思いも、貫いての42歳ですから、凄いことです」

200センチの身長だ。明るい声が真上から勢いよく降ってくる。三遠ネオフェニックスの鹿毛誠一郎アンバサダーである。前身のOSG時代からセンタープレーヤーとして活躍、三遠ネオフェニックスではGMも務めた人物だ。

愛知県の東三河地方にある豊橋市。人口約37万人、かつては製糸・紡績業が盛んだった。国内屈指の貿易港である三河港も擁する。ネオフェニックスは、この町と静岡県浜松市をホームタウンとしている。

この日の試合会場は、豊橋市総合体育館。三河港の神野埠頭に近く、市街地からは車で20分を要する。鉄道によるアクセスはない。

しかし、試合会場はどうだ。最新鋭のアリーナではないものの、スタッフが工夫を凝らしたユニークな座席がどんどん埋まっていく。２０２３‐24シーズンの観客動員は、１試合平均４２２４人（３月３日時点）。同県内のシーホース三河やファイティングイーグルス名古屋を大幅に上回る。

クラブとブースターの距離感が近い。アンバサダーの鹿毛は、試合前からブースターとコミュニケーションをとる。マイクを握ってのルール解説にも時間を割く。顔見知りのお客さんも少なくないようだ。

この体育館で、朝山はプレーした経験がある。愛知県豊川市に本社を置く世界最大級の総合切削工具メーカーのＯＳＧが母体のＯＳＧフェニックスに、かつて３シーズン在籍した。

とにかく、ファンサービスに熱心なチームだった。選手時代、朝山と共に汗を流した鹿毛は振り返る。

「試合が終われば、サブコートでサイン会です。誰でも参加できるものです。ファンと一緒に食事に行くイベントもありました。試合後ですから自分の調子や疲労を見せてしまう選手もいましたが、朝山は違いました。彼は人気選手でサインの列も長かったですが、最後まで対応していました」

コンディショニング、勝敗、そんなことは関係ない。試合も全力なら、コートの外でも全力だ。まだ20歳代中盤、エネルギーを惜しげもなくコート内外に注ぐのが朝山の人間性だった。

鹿毛は、さらに驚きのエピソードを披露してくれた。

「彼ね、シーズン後のファンとの運動会で膝を怪我したことがあります。ファンサービスに対して、熱くて、本気で。怪我するくらいやっちゃうところがありました」

2005〜08年にかけての3シーズン、朝山にとっては2つ目のチームだった。若き日に培ったマインドは、20年の現役生活の大きな指針となった。

この気風に絶大な影響を与えたのが、1998年から2011年まで13年間にわたりチームを引っ張った中村和雄監督である。三遠ネオフェニックスの礎を築いた熱血監督は、揺るがない考えを持っていた。

「応援してくれる人は、みんなファミリー」

チームの規律やプレーの方針も明確だったが、ファンを大事にするポリシーも明確に打ち出していた。鹿毛は、中村監督の言葉を今も胸に刻んでいる。

「おまえらはバスケットボールをやっているだけではない。人を笑顔にすることが仕事だ。試合を一生懸命にやることはもちろん、試合が終わったあともファンにいかに喜んでもらえるかを考えないといけない」

鹿毛は中村監督のもと、10年間プレーした。「心」を大事にするチーム運営は、今も、三遠ネオフェニックスの核になっている。

この頃、30歳代になっていた鹿毛は、そんな指揮官の考えを若い選手たちにつなぐ役まわりだった。ともすれば若い頃は、「プレーだけに集中したい」と考える選手がいてもおかしくはない。コート外の活動や規律について、理解が届かないこともある。そんなとき、鹿毛はチームメイトに声をかける。ときには、ステーキハウスに後輩を招き、監督の本当の思いを丁寧に語ることもあった。

一方で、朝山は、そんなフォローは無用の選手だった。ファンを笑顔にするため、チームを勝利に導くため、猛烈に前進あるのみだった。

「何も言わなくても、朝山はやってくれました。まだ血気盛んで波はありましたが、責任感も男気もリーダーシップもありました。若かったですが、言うべきことはガンガン言うし、行動でも引っ張っていました。チームメイトに対しては『俺についてこい』という感じでした」

この時代、ＯＳＧフェニックスと朝山は輝きを増した。２００５－06シーズンはＪＢＬスーパーリーグ準優勝を果たし、朝山は２００７－08シーズンＪＢＬオールスターゲームのＭＶＰにも輝いている。

「朝山には、好きにやったらいいよと伝えていました。でも、リーダーシップもあれば正義感も強いので、チームメイトに強く言ってしまうことはありました。まぁ、そこをフォローするのが僕の仕事でした。いろんな奴がいて、まとめるのは大変なチームでしたが、朝山は圧倒的リーダーシップを発揮していました」

それでいて、人間的にチャーミングなところもあったという。

「会えば必ず寄ってきてくれるのが朝山です。最初はトゲトゲしたところもありましたが、あの頃に中村（和雄）という厳しい監督の下でやったことが大きいと思います。チームもよくまとまっていました」

地域に根づいた「心」のチームは、今も、バスケットボール界を支えている。B1リーグ中地区で好調な三遠ネオフェニックスは、あの独自のチームカラーを受け継いでいる。

「うちは、ファンを大事にする伝統が残っているあったかいチームです。シーズンオフには少年少女にバスケットボールを教えるなど、ファンサービスに積極的です。僕自身はたいした選手ではなかったですが、感謝して、それを伝える行動は大事にしてきました。いつしか、逆にファンからパワーをもらって10年間も選手としてプレーできました」

試合終了後、体のケアもそこそこに、1時間以上サイン会に参加したことがあった。勝敗に関係なく、写真撮影にはできる限りの笑顔で収まった。顔を覚えたファンも少なくない。

あのチームで過ごした「超・地域密着」の日々が、朝山の原動力になったことは間違いない。選手、GM、アンバサダー。あらゆる形でバスケットボールに携わってきた鹿毛は、確信する。

「あのガンガンいくスタイルで42歳までできたのは、ファンからの力があったからだと思います。絶対に、ファンサービスなどを頑張ったことは、選手に返ってきます。おそらく、朝山はそれがわかっているから、ずっと続けてきたのだと思いますね」

豊橋市総合体育館。取材日の三遠ネオフェニックスは勝利できなかった。

「ほんと悔しいなぁ」

私の近くに座るファンは、本気で悔しがっていた。この町では、バスケットボールが生活に入り込んでいた。

試合後、取材場所に鹿毛はなかなかやってこなかった。ロビーでファンの声に耳を傾け、次なる声援を呼びかけていた。

「お待たせしました。すいません。朝山の話ですよね」

22時をまわっても、こちらの取材に全力で応えてくれたことは、言うまでもないだろう。

限界を決めない

42歳まで現役を貫く男のルールブック

限界は、境界は、どこにあるのか。朝山正悟に、その概念はないのかもしれない。

大怪我をしたらプレーできない。30歳を超えたらベテランになる。シュートを外したら、次は打ちづらくなる。仕事に懸命になれば、家族との時間が取れなくなる。

そんなことは、誰が決めたのか。

朝山の声を聞いていると、限界も境界も、それぞれが勝手に決めたものだということに気づかされる。

まさに、Bリーグの公式アンセムの通りである。

「BREAK THE BORDER」

大怪我を負った。しかし、彼は、「必ず復活する」と自分で決めた。限界を決めないから、30歳代でもキャリアハイの成績を残せた。シュートを外したあとでも、自信を持って次の一本を打ち切ることができる。

勝敗に貢献するのは、コート内の選手だけではない。ベンチからも、アリーナからも、共に戦うことはできる。

限界や境界などない。あるのは、夢と理想だ。

読めば元気になる。熱い男のルールブック。不屈の物語は、

２０１５年にさかのぼる。

「もう34歳」「まだ34歳」。

まだ観客も１０００人に達しない試合会場から、物語は始まる。

ルール07 「できるかできないか」ではなく「やるかやらないか」

今も、朝山は正座ができない。左膝が十分に曲がらないのだ。この体と向き合いながら、42歳のラストシーズンを戦っている。矛盾した表現かもしれないが、故障もあったからこそ、彼はバスケットボールプレーヤーとして長くコートに立つことができたのかもしれない。

8年前、彼はキャリアの大ピンチにあった。２０１５年11月29日のリンク栃木ブレックス戦で左膝前十字靭帯損傷の大怪我に見舞われた。

当初、彼は、手術をせずにシーズンを完走しようとした。

「前十字の部分だけだったので、歩くことも含めて日常生活に大きな問題はありませんでした。練習では、ダッシュもできましたし、ボールを使った動きもできていました」

気持ちの面でも燃えるものがあった。このシーズン、チームには日本代表の中心選手である竹内公輔が加入。一緒にコートに立ちたかったのである。

なんとか練習メニューを消化しながら、朝山は年明けの全日本総合選手権（天皇杯）を目指した。しかし、ついに左膝が悲鳴をあげた。

「ダッシュもシュートもできるのですが、ストップする動きができなかったのです。相手ディフェンスが来たときにストップが利かず、膝の上と下の部分が外れるような感じになってしまいました。ディフェンスを振り切ろうとする動きに、膝が耐えきれませんでした。切り返しができないのです。プレーどころか、めちゃくちゃ痛かったです」

今度は、前十字靭帯の周辺も痛めてしまった。さすがに、手術は避けられなかった。34歳。バスケットボール選手とすれば、ベテランの域に入っていた。怪我のタイミングで進退を考えても、なんの不思議もない。

「初めての大きな怪我でしたし、（引退も）頭をよぎりました。手術して同じ状態に戻れるのか不安でもありました」

手術を終えた朝山は、松葉杖で試合会場に帯同した。もちろん、試合に出ることはできない。すると、会場の広島サンプラザに驚きの光景が広がっていた。

「ファンのみなさんが、熱い声をかけてくれるのです。千羽鶴も頂きました。『朝山のアニキを待ってるぞ』。そう書かれたメッセージも目に飛び込んできました」

体に電流が走るような感覚だった。朝山は、「もう一度コートに立つ」ことを心に決めた。膝の状態や年齢ではない。復活することは、応援してくれる人たちとの無言の約束になった。そう考えれば、後ろを向いている暇などない。

「ヘッドコーチの佐古（賢一）さんに声をかけてもらって広島にやってきました。佐古さんのやりたいバスケットもわかっているつもりだったので、それをプレーで見せる役割もあったはずです。なのに、それを果たすことができません。チームのために何もできていない状況でした。それではいけません。ベンチからでもチームのためにできることはないか考えるようになりました。チームのために何かやりたくてしょうがない気持ちでした。プレーはできなくても、モチベーションはとても高かったです」

自己管理への意識も変わった。朝山は、ストイックな一面もあるが、いわゆる「昭和型」の選手だった。

「マッサージは好きではないし、練習はガンガン追い込んでいく。体のケアよりも、食べたいものを食べて、サウナやお風呂に入る。そうすればすべてが解決すると思っていました。でも、あの怪我から、自分の体と会話するようになりました。トレーニング法も考えましたし、トレーナーからたくさん意見を聞くようになりました」

これまでは、内発的なモチベーションが原動力になってきた。「結果を残したい」「上手くなりたい」「認められたい」。そういったベクトルの向きも大きく変わった。

「周囲の人たちのエネルギー、外からのエネルギーの大きさを感じるようになりました。これまでは、どこか自分が軸になっていましたが、怪我があって価値観が変化しました。ファンに恩返ししたい。広島にバスケットボールを根づかせたい。そんな思いも大きくなり、外からのモチベーションと自分の内側からのモチベーションがつながるようになりました」

翌2016－17シーズン、朝山はB2リーグで全60試合に出場している。それどころか、研ぎ澄まされた動きで2018－19シーズンは、37歳にして自己最多の1774分（平均32・16分）に出場している。さらには、コンタクトの強度が増すB

1昇格後も第一線でプレーするのだから、あの大怪我がキャリアの分岐点になったことは間違いない。

あのとき、彼の頭の中には「復活できるか、できないか」という思いがよぎっていた。しかし、ファンの温かく熱い声援で「復活するか、しないか」に考えは変わった。いや、「復活する」の一択になった。

腹を決めた人間は強い。それだけではない。モチベーションの純度は高くなり、その背中がチームの哲学へと昇華していくのである。

自分が強いだけでは長くプレーできない。朝山が長く現役でプレーできたのは、彼を取り巻く人たちも「強かった」ということである。

ルール 08

成長曲線は、年齢に左右されるものではない

日本屈指のスリーポイントシューターとしてキャリアを築いてきた。ゴール下のぶつかり合いでゴールをこじ開ける役割ではない。むしろ、アウトサイドから絶妙な距離感でゴールに放物線を描いていく。長い弧を描いたボールがゴールに沈む瞬間は、バスケットボールの醍醐味を象徴する。これが、試合で朝山に求められる最大のミッションだ。

そんな朝山が、２０２３年、練習でダンクシュートを試みたことがある。もちろん、試合でダンクシュートを求められる可能性は極めて低い。幾分の遊び心もあるだろうが、それだけではないようだ。

「ダンクシュートを試合で求められることはありませんが、久々に挑戦してみました。こういうのって、やらなくなるとできなくなってしまいますからね。ダンクを決めることができて、嬉しかったたし、他の選手たちもメチャクチャ盛り上がりました」

41歳。上達より調整の色が濃くなってもおかしくない。自分自身のプレースタイルや肉体面のリスクを考えれば、練習でダンクシュートをやる必要はないかもしれない。しかし、朝山の考え方は違う。やれることを増やしていく。求められることを確認する。そこを擦り合わせることで出場機会を勝ち取ってきたのだ。試合でやる可能性の低さが、練習でやらない理由にはならない。可能性は制限するものではない。広げていくものである。

「何歳がピークか?」

そんな問いも、彼に対しては愚問である。

「若いとき、30歳までバスケットボールをやっている自分は想像できなかったです。(この時点では)まだプロリーグもなかったですし、社会人になって1年でキャリアが終わるかもしれないという危機感からのスタートでした。今思えば、一番体が動いていたのは30歳くらいのときだった気がします。でも、そこがピークだったかと言うと、違います。年齢も重ね、大きな怪我もしましたが、毎日がピークだと思ってやっています」

20歳代は、ガムシャラだった。「チームで優勝したい」「日本代表になりたい」。そんな思いで突き進む日々だった。とにかく、モチベーションのすべてを練習にぶつけた。

「寝る時間以外は、ずっと体育館にいました。とにかく、練習を『やる』。これが正解だと信じてきました。リカバリーやケアに関心は薄くて、とにかくできる限り練習をする。そんなスタンスでした」

しかし、肉体的なピークと選手としての充実度は正比例ばかりではない。むしろ、怪我をしての発見だってある。苦境に陥って気づくこともある。

「そのときは大変なことでも、それが精神面の成長につながることもあります。選手をやりながら緊急でヘッドコーチ兼任となったときも、肉体的な大変さはありましたが、そこで視野が広がりました。膝の故障も、あれがあったからこそ自分の肉体と会話するようになりました。トレーナーの話に興味を持つようになったところがあります」

あらゆる逆境は、「成長のチャンス」なのである。だからこそ、何歳になっても成長できるのだ。

キャリア20年目、2023－24シーズン限りでの引退を表明している。出場機会が激増することはない。30歳代後半でもフル出場に近い活躍をしてきた彼にとっては、物足らなく感じられるかもしれない。しかし、それも違う。朝山は、あらゆる状況を自分の進化につなげようと心を燃やしている。

「途中から試合に出て、シュートを打てるチャンスは1回や2回かもしれません。でも、その一本のシュートを決め切ってやろうと思っています。それが自分の新しい境地だと思ってやっています」

肉体だけでもない。技術だけでもない。バスケットボールは、その総合力が問われる競技である。長いシーズンをチームで戦うスポーツだ。生き様も競技力に影響をもたらしてくる。だからこそ、ピークを決めてはならない。

試練は訪れるが、そこで飛躍することもできる。

その可能性を信じるからこそ、朝山は自分のピークを決めない。何歳になっても成長できる。だからこそ、42歳まで現役でプレーができた。

２０２４年、朝山は最後の一瞬まで完全燃焼する。最後の一瞬まで成長する。かつてほどのプレータイムはなくとも、入魂のワンプレーが、それを証明する。

ルール09 1分1秒を生かす——睡眠時間も、戦っている

42歳まで第一線で活躍した男の「時間術」に迫りたい。それは「摂生」の二文字の範疇ではない。かといって「不摂生」でもない。スケジュールを追えばストイックだが、そこに悲壮感はない。

朝山の睡眠時間は短い。平均すると4~5時間程度、アスリートからすると十分とは言い難い。近年、コンディション維持の観点から、睡眠時間を優先的に確保する選手は多い。

性分かもしれない。家族にも、チームにも、すべてに妥協したくはない。もう少し長く眠ることも可能であろう。しかし、朝山は、子供たちと同じタイミングで起床す

る。

「仕事柄、家族といられる時間があまり多くないですから。朝、家族と顔を合わせるようにしています。自分なりに子供たちの顔を見て、会話をするのが日課です。妻とも会話するようにしています」

遠征も多い。夜も不規則だ。だからこそ、決まった時間に同じように向き合うことで定点観測を行う。子供たちが学校に行くと、その観察のベクトルは自分自身に向く。

「前日に感じたことを、もう一度、まとめるようにしています。練習でのこと、プライベートの時間に会った人との会話。そこから、バスケットボールやドラゴンフライズが発展するために何ができるかを考えます」

朝山は、成長のための題材をあらゆるところに求める。バスケットボールの練習だけではない。カープであれば、菊池涼介選手の身のこなしを観察し、新井貴浩監督の発言にもアンテナを向ける。経営者に会えば、その人が成功した要因を吸収しようとする。

「ある社長さんが、どうやって取引先の信用を勝ち取ることができたのか。起業当時に睡眠時間も削って納期より早く仕上げていた」

「ベテラン経営者さんが、ギラギラした時期もありながら、人のありがたさを知り、今度は人を応援するようになる」

こういった話が朝山の土台になっている。だからこそ、練習後も、人と会うための時間を惜しまない。

ずっとこうだったわけではない。若い頃は、仲間でワイワイすることが好きだった。コートの中ばかりに関心が向く時期もあった。あらゆる人の話を聞き、自分の頭で煮詰める。きっかけは、ドラゴンフライズ草創期の一番苦しいときにあった。最初は、クラブの認知拡大や営業活動のため、会食や会合に出席していた。しかし、その場で、彼は自分自身が成長していくのを実感した。それは、今も続いている。

「クラブが誕生したばかりで苦しい時代に、多くの人に助けてもらいました。その支えがあって、自分もクラブも成長ができました。支えてくれる人たちの思いを聞くことが勉強になりました。支えてくれる人たちの思いが、自分のモチベーションにも直結します。もちろん、自分の考えもしっかり伝えさせてもらっています。体調だけを考えれば、家でゆっくりしていたほうがいいでしょうけどね。今も変わらず、同じようなスタンスでやらせてもらっています」

朝山は聞き上手である。会話を自分のフィールドに無理に持ち込むことはない。むしろ、周囲に気持ちよくシュートを打たせていく。その言葉を持ち帰って、自分の中で熟成させる。

「サウナかお風呂ですね。そこで考えて、翌朝も同じことを考えていたら、即、行動です。一晩たっても頭にあることは、やってみるようにしています」

誤解のないよう加えておくが、朝山はシーズン中、ほとんどアルコールを口にしない。ある時間で区切って、翌日に影響が残らないようにもしている。練習後は取材対応も含め多忙だが、練習前の緻密な準備は群を抜いている。

朝、自宅のシャワーで温めながら自分の体調を確認する。練習会場には早めに入り、ストレッチやバランス系の動きに多くの時間を割く。

「若いときは120パーセントで練習しても、その後も120パーセントでいられました。今は、まず100パーセントに持っていくところから始めないといけません。準備が大事です」

かつては、持てるエネルギーのすべてを体育館に出し切ることが満足感につながっていた。年齢を重ね、練習の質が大事になってきた。準備と考えに基づいたワンプレーを丁寧に積み重ねるのだ。

24時間。家族と向き合い、自分と向き合う。気の遠くなるような地道な準備を積み重ねてコートに立つ。さらには、そんな自分を支えてくれる人の思いを吸収する。4～5時間の睡眠時間も我々の熟睡とは色合いが違うような気がする。思考を整理する「発酵タイム」になっているからだ。

チームを背負ってコートに立つ。地域を背負ってプレーする。朝山のワンプレーは重みが違う。だからこそ、多くのファンが感情移入できるのだ。

「ストレスですか？　溜めないことが大事ですよ。でも、ゼロにすることは難しいです。むしろ、ストレスのすべてに『受けて立つ』感覚です。受け入れたうえで、気にしないことですね」

軽やかに話す姿に、悲壮感はない。ストイックな印象もない。仲間も、歴史も、地域も、軽やかに背負う。これは、朝山の天性なのか、周囲も何かを学ぶべきなのか。明確な答えは、まだ出ない。

ルール 10

シュート成功率ではない――大事なのは「入魂の確率」

バスケットボールのデータは進化している。シュート成功率、得点、リバウンド……チーム単位でも、選手ごとでも、試合中に最新の数字が確認できる。もちろん、プレーを修正する材料にもなれば、勝利へのヒントにつながることもある。今や、データなしでバスケットボールを語ることは難しいだろう。

試合中に数字を確認する選手もいる。ましてや、試合後となれば、大半の選手はデータに目を凝らしながら一喜一憂する。チームの勝敗のみならず、個人スタッツ（統計）に一喜一憂する姿は、ロッカールームでは珍しくない光景だ。しかし、朝山は、まったく数字に頓着しない。

「試合中も数字は見ませんし、試合後もスタッツはあまり見ないです。気になるとしてもチームに関する数字だけです。チームのリバウンドやターンオーバー、フリースローくらいですかね。全体の傾向を見る材料くらいです」

決して、数字が朝山の活躍を雄弁に語らないわけではない。3ポイントシュート成功率をとっても、B1で2年連続40パーセントを超えるなど、一流選手を物語る材料は枚挙に暇がない。しかし、シュート成功率に対する彼の考え方はスパッとしたものだ。

「シュートは誰が打っても、成功率2分の1です。ゴールに入るか、入らないか。その2分の1です。決まる。決まらない。どちらかです。シュート成功率は、いつも50パーセントだと考えています」

むしろ、朝山がもっと大事にしている数字がある。

「シュートを打てるか、打てないか。これに関しては2分の1ではいけません。状況にひるんで自信がなくてシュートが打てないようなことは、あってはいけません。いかにシュートを打ち切れるか。ここは1分の1でないといけません。100パーセントが求められます」

彼の言葉を、こう解釈したい。シュートが入るかどうかは、結果の世界。ある種、コントロールできない部分もある。しかし、「シュートを打ち切る」というプロセスにおいては、つねに一定でなければならない。コントロールできるターゲットに、自分の全エナジーを注ぎ込むのだ。

いかなるトッププレーヤーでもシュートを外すことはある。しかし、大事なのは結果だけではない。シュートを打ち切ることが大事なのだ。外しても、また次のシュートをしっかり打つことが求められる。

「そりゃ、チーム競技ですから、一本のシュートは軽いものではありません。みんなで守って、みんなでつないで、シュートのチャンスが生まれます。ただ、外したからといって次のシュートを打つことにひるむ必要はありません。打ち続けることが重要です。シュートを5本外したとしても6本目です。その6本目が打てないならば、ベンチに下がったほうがいいと思います」

大事なのは、シュートを外しても、「次の一本」をチームメイトに託される人間であることだ。朝山は独特の表現で語る。

「シュートに（選手としての）背景がないとダメです。シュートを打てる人間だと信頼してもらうことが大事だと思います。仲間に認められるかどうかです。認めてもらえる限り、シュートは打ち続けないといけません」

そのためには、常日頃からの準備や取り組み方も求められる。チームメイトが大事な一本を託したくなるプレーヤーである必要があるのだ。

チームを最優先に考える。試合への準備にベストを尽くす。そうすれば、ボールはまわってくる。あとは、打ち切るのみだ。結果に左右される必要はない。どんな状態でも、シュート成功率は「2分の1」でしかないのだ。

妥協なく備えてきた者だけに許される、開き直りの境地。そんなプレーヤーにこそ、シュートが託される。結果は、関係ない。託される限り、ベストを尽くす。それ以上でも以下でもない。

「どんなときも『来い、来い！』と思っています。自分の調子は関係ありません。シュートが決まっていなくても、気にすることはありません。自分の中に、これだけやってきたというものがあれば、向かっていけます。次の一本は必ず決めてやろうという一心です」

だから、朝山はスタッツを見ない。それは、過去の集積に過ぎない。彼が見据えるのは、次の一本だけである。

試合後、チームが勝利していれば、それ以上の成果はない。逆に、個人成績に満足がいかないからと勝利の喜びを共有できない仲間がいれば、寂しい気持ちになる。どこまでいってもバスケットボールはチームスポーツ。競技の本質を知るからこそ、彼は、「次の一本」を打ち切ることだけに集中する。目指すは「1分の1」。実現可能な100パーセントに全力を傾ける。

ルール

11

置かれた場所で「懸命に」咲きなさい

42歳のラストシーズンだ。今やドラゴンフライズにはリーグ屈指の選手が揃うようになった。練習環境の充実もあり、若手の成長も著しい。いかに実績十分の朝山であっても、ベンチで過ごす時間帯が長くなってきた。

しかし、朝山のモチベーションは衰えることがない。大きな声を出しながら感情を剥き出しにして、コート内のメンバーと共に戦う。スタメンだろうがベンチだろうが、試合に注ぐエネルギーは変わらない。ともすれば、出場機会の減少から士気が下がり、周囲に悪影響を及ぼす選手がいなくもない。一般社会においても、同じことが言えるだろう。しかし、こんなときこそ「人間の本質」が明らかになる。朝山はコートに立っていないときも、チームを勝利に導くために粉骨砕身する。

「これが子供へのラストメッセージだと思っています。まず、自分の子供に対してです。そして、部活動でバスケットをやっている子供たちにも伝えたいです。コート内で活躍する選手は華やかですが、それだけではありません。ベンチの選手が劣っているわけではないと思います。一緒に戦う。そういう可能性や範囲を広げてほしいです。絶対、生きていくうえで大事なことだと考えています。だから、今シーズン、どんな状況でも最後まで戦いたいです」

日本代表も経験したプレーヤーだ。キャリアのほとんどは、コートの真ん中に立ってきた。

しかし、膝の故障で戦線を離れたときに新たな視界が広がった。

「コートに立っていなくても、一緒に戦うことはできます。コートでもベンチでも、大事なのは情熱です。ベンチにいるからといって、何もしていないわけではありません。怪我でコートに立てなくても、チームの役に立とうと思いましたし、一緒に戦えている実感がありました」

ベンチから声や情熱を飛ばす。そのことで、仲間を後押しすることもできれば、落ち着かせることだってできる。

「プロである以上、コートに立つために競い合わないといけません。当然、試合に出られるように頑張ります。ただ、試合に出られなかったときは、その状況を受け入れてチームのために徹しないといけないでしょう。試合に出ないからといってふて腐れるような選手には厳しく接するようにもなりました。呼び出して注意したこともあります。逆に、ベンチからでも共に戦う選手とはわかり合えます。こういう経験は人生において絶対にプラスになると強調したいです。誰かが見ていますから」

記憶に残る仲間がいる。2018-19シーズンにドラゴンフライズでプレーした佐藤優樹である。朝山より6歳若いシューターは、出場機会には恵まれなかったものの、明るい性格でチームにもファンにも愛されていた。ベンチから声を出す。仲間にも声をかける。しかも、元気さ一辺倒ではない。コミュニケーションに細やかさもあった。

「ベンチでワーワーするのは、誰でもできます。佐藤は、同じように試合に出ていない選手にも声をかけていました。落ち込んでいる選手を励ますこともできます。なかなかできることじゃありません。チームにとって本当に貴重な存在でした」

いつもハードワークを惜しまない。ベンチでも戦う。そんな佐藤の姿に何度も助けられた。

　どんなときも前を向く人間性には、ファンからの人気も高かった。

「佐藤のベンチでの姿、すごく好きでした。ドラゴンフライズらしさを体現する選手でした。今でも連絡を取り合いますし、こういった出会いは僕にとっても財産です。今、僕がベンチにいる時間も多くなりましたが、佐藤から学んだことを体現して最後まで戦いたいと思います」

　引退を表明したシーズンだ。試合前にセレモニーもあれば、かつてのライバルから労いのメッセージをもらうこともある。ふと、競技人生を振り返ることがある。

「こういうバスケットボール人生でよかった」

　そう思えるのは、いかなるときも一貫した情熱を絶やさなかったからに違いない。

「つねに自分のできることに目を向けて、120パーセントの準備をしてきました。その繰り返しです。チームに貢献するとはどういうことか考える日々でした。そのことについては、コートの中でも外でも自信がありました。自分の選手としての生き様は、間違っていなかったと思えます」

　なんのために試合を戦うのか。何度も自問自答してきた。決して、自分のためだけではない。チームのため、ファンのため、地域のため。朝山の視線は決してぶれない。むしろ、周囲に好影響ももたらしてきた。

「自分がそういった姿を見せると、周囲もついてきてくれます。ベンチにいても、プレータイムが30秒や1分でも、情熱は変わりません。ラストシーズン、最後まで情熱を持ってやり抜きます」

熟練の身のこなし。経験が培ったスリーポイントシュート。朝山の技を味わうことも悪くない。しかし、ベンチからエネルギーを惜しみなく送る姿にも目を凝らしたい。これこそが、超一流のアスリートがスポーツから学んだことである。42歳のラストメッセージは、試合会場の隅々にまで宿っている。

この人に聞く

原田利行
H・R・D・エンジニア株式会社代表

朝山正悟　現役生活20年を支えた言葉

現役20年の心を支えた人がいる。具体的なアドバイスを送るわけでもなければ、事情を聞こうとするわけでもない。ただ、食事や釣りなどを通じて時間を共にする。61歳の男は、豪快に笑いながら自分自身の人生経験を語る。その言葉の数々が、朝山を勇気づけてきた。

「ぜひ、話を聞いてみてほしいです。素晴らしい人です」

そんな朝山の声に押され、車を東に走らせた。広島市と呉市に挟まれた場所に位置する坂町。広島湾を埋め立てた平成ヶ浜地区には、マンションや工場が並ぶ。その一角に、言葉の主は会社を構える。

大きな工場や倉庫が並ぶ。道を迷った瞬間、私の携帯電話が鳴った。

「そこじゃないですよ。その向かいの、こっちです」

こちらの遅参を気にする様子も見せず、明るい声を響かせる。朝山の好みのカラッとした空気が伝わってくる。

H・R・D・エンジニア株式会社の代表・原田利行だ。自動車生産設備における溶接治具や装置の製造や販売を手がけ、38年の歴史を持つ。広島ドラゴンフライズを創設時からパートナー企業として支えている。

「もともとワシはバレーボールをやっていて、バレーは大好きでしたね。バスケットボールの試合は見たことがありませんでした。でも、広島に初めてプロバスケットボールチームができると聞いて、応援したいと思いました。広島で頑張ろうとしてるわけですから、頑張ってもらわんといけんでしょ」

立ち上げ当初である。パートナー企業も今のように多くはない。チームと彼らの距離は、とても近かった。

原田は、仲間との食事の場が大好きだ。これまで元気で激務に当たることができたのは、こういう場のおかげだと確信する。

「昔、ストレスで体調を崩して入院する予定まで組まれていたことがあります。それが仲間とワイワイ楽しく食事していたら、元気になっていたことがありました。入院もキャンセルですよ。今は同じようにはいかないでしょうけど、食事は元気の源ですよね」

時間の問題だった。初代ヘッドコーチの佐古賢一と食事を共にし、意気投合。今度は、移籍してきた朝山が輪に加わった。記憶は鮮明だ。

「広島市の中華料理ですよ。北京です。店の名前。美味しくて、スポーツ選手も好きですよね。あそこでアサヤン（朝山）に初めて会いました。爽やかで、礼儀正しくて、挨拶がしっかりできる好青年でした。最高の男ですよ」

原田はバスケットボールに詳しくない。それだけに、試合の勝敗やチームの事情について会話はしない。でも、朝山が置かれた状況は、敏感に感じ取っていた。

「チームを背負う人間ですからね、悩むこともあったと思います。細かい話はしませんが、表情や食事の進み具合、言葉の発し方で察するところはありました。責任と共にストレスもあったと思います。まぁ、そんなときほど、楽しい時間を過ごしてストレス解放ですよ。美味しいものを仲間と食べれば、辛いことも和らぐはずです」

原田にメッセージを発信した意識はない。しかし、何気ない経験談は、朝山の競技人生の支えになってきた。

原田は31歳のときに起業している。サラリーマンやアルバイトを通して、溶接治具や装置を製作する技術を身につけた。会社を起こすつもりなどなかった。だが、ある日、勤めていた会社が倒産してしまうのだ。

「バブルが弾けて、倒産でした。これまでの納入先のメーカーは困りますよね。すると、これまで接していた担当者の方々が、これまでの溶接治具などをつくってくれと私に言ってくるんです。納入先の会社のフロアの片隅を借りて、一生懸命つくりました。休みなしで一生懸命。とにかく納期に間に合うように頑張りました」

企業の仕組みなど知らなかった。発注に全力で応え、取引口座をつくり、納期に間に合わせることだけを考えていた。

「5000円の仕事が1万円になり、それが10万円になり。1人でやっていたのが1年後には4人、2年後には7人くらいになっていました。何日休んだか覚えていませんね。2年目に入社した仲間が、365日で休んだのは5日だけだったと言っていました。もう、今はそんなことありませんよ。朝8時から深夜まで働きました。除夜の鐘の直前まで働いて、1月2日には工場にいました。これも、今は、そんなことはないですけどね」

頑張ることができた背景には、ある顧客からの悔しい言葉があった。

「あなたのやる仕事は、誰でもできる仕事です。じゃあ、何で信用を勝ち取るのか。何で満足してもらうのか考える必要があるでしょう」

原田が考えた答えは「納期」だった。お客さんの要望に応える。1週間かかるものを3日で。2日かかるものは半日で。もちろん、品質は絶対だった。

「まだ見積もり書なんかなかった時代です。価格競争ということはなかったですね。とにかく納期厳守です、納期を守る。お客さんを待たせないことです」

土台には、叩き上げの技術力があった。原田は、設計図なしでも製品を完成させることができた。頭の中にイメージを描き、自分で鉄板を切り、削り、穴を開け、工程を1人で全うできる技術があった。

「今は、深夜や早朝の仕事はありませんし、設備も揃っています。でも、魂は同じです。納期、品質は絶対。お客様のニーズに応える。『またお願いします』と言われたら最高です。その仕事が、次の仕事を呼んできます」

食事に箸を伸ばしながら、お酒を飲みながら、原田は自分の人生を語る。そのひとつひとつを、朝山は心に留め、支えにしてきた。

「アサヤンの引退は寂しいよね。俺は、バスケットが好きで朝山が好きなのでなく、朝山が好きでバスケが好きなんです。これからのステージで、彼は、どんどん責任ある立場に置かれることでしょう。これまで以上に大変なことがあると思います。自分も、1人でやるより経営者になってからのほうが、大変なことが多かったです。会社を起こしても10年くらいは両親に心配されていましたからね。でも、アサヤンは一生付き合える男です。一生の中でも忘れられない人です」

叩き上げで、泥臭くて、計算がない。61歳の経営者の背中は、激動のドラゴンフライズや朝山に重なって見えてくる。

「昔ね。完成した機械がトラックで運ばれるのを見て、手を合わせて拝んだものです。頼むぞ。お客さんのところで、いい具合に働いてくれよ。それくらい心を込めていましたから」

そんな姿さえも、ラストイヤーを迎えたミスタードラゴンフライズにダブって見えてくる。

「戦術」より「哲学」

チームづくりのルールブック

伝統を武器に横綱相撲を求められるチーム、そこに対抗することを義務づけられたチーム、育成型のチーム……。

ファンがスポーツチームに求めるものは、目の前の勝利だけではない。そのチームでしか醸し出せない空気感も観戦の醍醐味になる。プロ野球ならば、東の巨人に西の阪神が対抗する。そこに、育成型の広島が独自色でファンの心をつかむ。もちろん他の球団にも伝統はあり、パ・リーグ球団の打ち出す新機軸も魅力的だ。Jリーグでも、日本リーグ時代・実業団の伝統が文脈にもなれば、地域の特色がカラーになっているチームもある。

クラブ誕生から10年あまり、新たに生まれたドラゴンフライズは、いかにしてチームの色を獲得するのか。もちろん、マーケティングで決めるものではない。クラブ草創期の苦悩の日々、そこにやってきた佐古賢一ヘッドコーチ、在籍した一人一人の選手の模索の日々。点が線になって、チームカラーになっていく。

しかし、漫然としていても歴史はつながらない。語り継ぐ必要がある。新たに加わったメンバーには多少なりとも意識させる必要もある。

朝山正悟は、ドラゴンフライズで9シーズンプレーした。彼の価値観も、チームカラーに多大な影響を与えた。

何を受け継ぎ、何がチームに必要ではないのか。現役選手たちは、価値観を背負ってプレーすることが求められる。

受け継ぐ責任感が強いだけに、朝山は、伝え方にもこだわり抜く。

試合後に選手、スタッフ、観客が立ち上がって相手チームに拍手を送る。それも、ドラゴンフライズが大切にするカラーだ

ルール12 すべてを受け止める——そこから、打開の道が見える

ドラゴンフライズを取り巻く環境は、劇的に向上している。2022年には広島県廿日市市に「ドラフラベース」が完成した。空調完備のバスケットコートはもちろん、バスケットリング6個も備えている。トレーニングルームやロッカールームもあり、選手は時間を気にすることなく練習ができる。

これまでは練習場所を点々とし、指定された時間内でトレーニングを終える必要があった。プロアスリートからすれば大変な苦労話ではあるが、朝山はチーム草創期を生き生きと語る。

「昔は、体育館に自分たちで荷物を持って行き、練習前にラインも引きました。自分

たちでゴールを出して、片づけたことも覚えています」

さらに記憶に残っているのが、体育館を待つ時間だった。公共施設を利用することも多く、チームが予約した時間を目指して、各自が練習会場に自家用車で向かうことが多かった。

「13時からの予約だったら、その時間までは中に入ることができませんよね。かといって遅刻も怖いです。早めに行って車内で待つことが多いですが、エンジンをつけっぱなしもどうかと思いますし、外に出ると寒いし、あまり早くロビーに入っても申し訳ない気もするし。いろいろ考えたことを覚えています」

午前中は地域の団体が卓球をやっている。その片づけと交差するように、ドラゴンフライズの大男たちが荷物を運び込んでいた姿は、つい先日のものだったような感もある。

練習会場だけではない。遠征で荷物を抱えて在来線に乗り込んだこともあった。宿舎の食事が十分ではなく、仲間たちとコンビニエンスストアに駆け込むこともあった。食事が十分ではない若手選手やスタッフを、朝山が自腹で連れていくこともあった。

さらに、ヘッドコーチ兼任の激務の時期には、睡眠時間が確保できなかった。練習の準備、自身のトレーニング、チームの顔としての活動……睡眠時間は十分でなく、お風呂もシャワーだけ。コンビニの駐車場でおにぎりを頬張ることもあった。メールを返す時間がなく、会食中のお手洗いで、最低限のメッセージを返信することもあった。

今や、こういったことは「昔話」である。クラブの経営も安定し、移動はスムーズに手配され、宿舎の食事も栄養管理が行き届いている。練習会場の心配もない。

しかし、朝山は、こういった過去の話を語り継ぐ必要があると思っている。

「環境もよくなって、バスケットボール界も盛り上がっています。でも、あの時代だから味わえたことや感じられたこともありました。かつて苦労したことをわかってほしいわけではありません。自慢や武勇伝でもありません。ああいったことの中に、プレーや人間的な成長につながるものがあると思います。それらを落とし込んで、積み重ねて、チームのカラーになっていきます」

苦難は真正面から受け止めてきた。辛いとも思わなければ、恥ずかしく思うこともない。

「大変な時代を乗り越えて、共有して、成長して。今、僕たちは立っています。そういうことを知っておくことで、プレーはもちろん、人間としても違いが出てくると思います」

朝山がBリーグ草創期の地方クラブから学んだことは、ポジティブシンキングだった。恵まれた練習環境も苦しい環境も知ることで、視野は広がった。それは、プレーにも好影響を与えた。

「バスケットボールも普段の生活も、思い通りにならないことがほとんどです。そこで不平不満を口にするのでなく、受け止めて打開策を考えることです。試合の中でも、思い通りにならない時間帯のほうが長いです。そこで受け止めて、打開し、行動あるのみです」

人生経験が一本のシュートに凝縮される。フリーで打てるシュートなんて、そんなに多くはない。

「あとは開き直るだけ。戦うだけ」

不純物の混じらないシュートは、ゴールに向けて一直線に伸びていく。ファンは背景も知っているだけに、アリーナは朝山のシュートに沸く。

引退を決めた今、あの経験は今後の人生につながるとも確信する。

「バスケットボール選手でいられる時間は限られています。限られているからこそ、嬉しさも悲しさも喜びも感じられるものがあります。いつか、選手生活は終わります。そこを見つめながら、人間力を高めることが財産になると思います。若いときは理解しきれていませんでしたが、大事なのはコート上だけではありません。そりゃ、プレーヤーとしての進化を考えれば、恵まれた環境が成長を助けてくれることもあるでしょう。でも、苦しい環境から学べることだってたくさんありますから」

ドラゴンフライズ誕生から10年が過ぎた。現場で草創期を知るのは、朝山と森田憲吾トレーナーだけになった。ふたりは、チームメイトへ歴史を語ることに時間を惜しまない。こういったことが選手たちの未来につながることを確信しているからである。

朝山はユニフォームを脱ぐ。将来が約束されているわけではない。しかし、何も怖くはない。あのとき培った人生経験が、自分自身を助けてくれる。だからこそ、最後の1秒までユニフォーム姿で目の前のボールに100パーセントを捧げることができる。

ルール

13

結果だけじゃない。メッセージはプロセスに宿る

まだBリーグが誕生して間もない頃、選手たちは何度同じ質問を受けたことだろう。

「バスケットボールの面白さはどこにありますか?」

試合会場に足を運べば一目瞭然だが、バスケットボールを観戦する文化は、Bリーグ以前に定着していたとは言い難い。学生時代にプレー経験はあっても、入場料を払って体育館に足を運んだ習慣のある人は多くないだろう。

Bリーグ草創期、朝山は、この質問に丁寧に答え続けてきた。会食の場で、イベント会場で、プライベートで……この競技の持つ可能性を信じるからこそ、言葉に力を込めた。

「スピード感と距離感です。大男が狭いコートで、あれだけのスピードで走り回ります。しかも、ぶつかり合いながらです。たくさん得点も入ります。近い距離から見ることができます。そこにエンターテインメント性が加わりますから。魅力はいっぱいです」

朝山も少年時代から、バスケットボールに魅了されてきた。1980年代～90年代、マイケル・ジョーダンの時代である。15年のNBA選手生活で得点王10回、ロサンゼルス五輪とバルセロナ五輪で金メダルも手にしている。NBAのトップスターという域ではない。ナイキ社の「エア・ジョーダン」など、社会現象のレベルにあった。

「身長2メートル近い人が、華麗な動きをしているのです。高く飛ぶ、速く動く、正確なシュートを決める。映像で見たときには、びっくりしました」

初めて試合会場で観戦したのは、小学生のときだった。すべての記憶が明確なわけではないが、「横浜文化体育館だったこと」「NKKの陸川章選手（現・東海大監督）がプレーしていたこと」は覚えている。

「接戦の試合でした。最後の1秒まで試合の行方がわからないドキドキ感がありました。凄く面白いスポーツだと思いました」

この感覚は、今も変わらない。バスケットボールについて語る機会があれば、まず伝えたい要素である。しかし、今、さらなる魅力も知ってもらいたいと考えている。ドラゴンフライズというチームに愛着を持ち、地域に浸透させてきた。その道程で宿った思いである。

「自分たちもチームの色を出したいです。もちろん勝ちたいですが、そこに向けてのプロセスを出せればと思います。お客さんの中には、この試合を楽しみに仕事や学校を頑張ってきた人もいるでしょう。この試合が楽しくてまた明日から頑張ることができる人もいるでしょう。そういう人に、試合に向けてのプロセスを感じてもらえれば嬉しいです」

試合に向けてのプロセスは、どこに滲み出るのだろうか。文章でいうところの行間だろうが、バスケットボールではどこにあたるのか。

「プロセスは試合のすべてに出ます。ウォーミングアップにも出ます。ベンチの雰囲気にも出ます。ひとつのボールを追う姿にも出ます。そういうことを密度や強度高くやれれば、それがチームの色になっていきます」

例えば、こんな光景からも目は離せない。接触プレーなどで選手がフロアに倒れ込むシーンである。バスケットボールでは珍しくないことだ。

「そこで転んだ選手にスッと手を差し伸べられるかどうかです。こういうことは、試合になって急にできることではありません。普段からやっていないとできないことです」

プレーの隅々から、この舞台に向けた選手たちの情熱や人間性を感じ取ってほしい。これもまた、スピードやダイナミックさに劣らないバスケットボールの魅力なのである。

勝敗の確率は五分五分である。2022-23シーズンのB1王者である琉球ゴールデンキングスでも勝率は8割。残る2割は負けているのだ。

「試合に勝つか負けるかは、わからないことです。敢えて言うなら、確率はそれぞれ2分の1になります。でも、僕が考えることは、勝つか負けるかだけではありません。戦えるか、戦えないかです。つねに戦うことのできるチームであるべきです。ここに関しては、確率は1分の1でないといけません。『戦う』の一択です。勝敗や試合展開に関係なく、全力でプレーし、泥臭さを出せるかどうかです。それを徹底することが、チームの色になっていくと思います」

別項で紹介したゴールとシュートの確率と、同じ数字を朝山は強調する。やるべきことを全員で徹底したい。勝敗だけじゃない。広島は、そういったことに胸を熱くする土地柄だと確信している。

「泥臭さ。どのチームにとっても大事な要素です。しかし、ドラゴンフライズのある広島は、そういった目に見えないものに価値を見出す土地だと思います。そういったことに感動する人がたくさんいる土地だと感じています」

勝利を届けて、地域に喜んでもらいたい。一方で、文句があってもいい。ふがいない試合があれば、ブツブツ言ってもらって構わない。

「僕たち広島のスポーツには、カープという素晴らしい先輩がいます。人々の生活に、本当の意味で入り込んでいたいです。カープだって、苦しい時代から広島の人々が支え、共に成長してきたチームだと聞きます。愛着を持って支えられるチームになりたいです。勝てば喜んでもらい、負ければ文句も出るでしょう。愛されていないと、こうはなりませんから」

地域と喜怒哀楽を共にしたい。生活の一部になりたい。

高い、速い、激しい。それだけではない。朝山は、バスケットボールをもっと届けたい。

「勝った負けたではなく、試合に入り込んでもらいたい」

アリーナを、そんな夢の空間にすべく、最後の1秒までボールを追いかけ続ける。

その積み重ねがチームカラーになることを、彼は知っている。

ルール 14
組織の理念を、ひとつの行動から体現せよ

試合終了のブザーが鳴る。直前までぶつかり合っていた男たちは、握手を交わし、健闘を讃えあう。ただ、試合会場の空気はさまざまだ。ホームチームが敗れようものなら、アリーナにファンの悔しさが充満し、殺伐とした雰囲気になってもおかしくはない。

ドラゴンフライズには、大事にしている理念がある。スポーツを通じた平和の発信である。両チームの選手代表による「おりづる交換」。フェアで誠実なプレーをした選手を表彰する「おりづる賞」の創設。そして、試合終了後には、アウェーの選手やスタッフを拍手で送り出す。アリーナを埋めた観客が立ち上がり、対戦相手に拍手を

送るのだ。勝敗も関係なければ、どのチームを応援しているかも関係ない。

ドラゴンフライズのユニフォームを着たブースターが立ち上がり、対戦相手に手を叩く。アウェーチームの選手は手を振って応える。壮絶な試合のあとであればあるほど、その和やかさが際立ってくる。

「僕もいろんなチームでプレーさせてもらってきましたが、ドラゴンフライズならではだと思います。直前まで死闘を繰り広げた相手をリスペクトで送り出します。しかも、会場全体でやるのです。自分たちがやってきたことは単なる勝敗をつけることではなく、スポーツなのだと思える瞬間です。意義のあることをやっていると思います」

実業団スポーツの色が濃いＪＢＬの時代からバスケットボールを戦ってきた。今のような、エンターテインメントの溢れた空間ではなかった。

「昔は、後味の悪い試合だってありました。殺伐としていることもありました。わざとぶつかりにいって相手を苛立たせることもありましたし、レフェリーが２人の時代もありましたから、ブラインドでハードなコンタクトもありました。出場停止も含めたルールも今ほど厳しくなかったですし、１年に１～２回は乱闘といいますか、揉み合いのようになることもありました。１人がベンチを飛び出したら全員が行くのが、暗黙の雰囲気でした」

すべてが「悪」だったとは言い切れない。それほどまでの勝利にこだわる姿勢が競技力の向上につながることもある。また、乱闘になったからといって、ずっと引きずることもない。スポーツの世界は、社会よりずっとカラッとしたものだ。

「ルーキー時代、目上の先輩プレーヤーにガツガツとディフェンスしたことがありました。そうしたら、その選手が怒って、僕は投げ飛ばされて、シューズで体を踏まれました。すると、僕のチームの先輩が怒って飛び出してきたことがありました。当時の各チームには『目の前の相手には絶対に負けない。どんな手段を使っても負けられない』という雰囲気がありましたね。でも、後日、こちらから先輩に謝りに行きますよ。向こうも許してくれますし、普通に挨拶もしますね」

ある種の「野武士」的な時代を戦ってきた朝山も、今、対戦相手を拍手と笑顔で送り出す。

「平和」をベースにしたドラゴンフライズのカルチャーには共感する。ただ、当初は慣れないところもあったという。

「10年以上、実業団を中心にああいうところで戦ってきましたからね。慣れるのに、少し時間は必要でした。相手チームの選手に聞いても、最初は恥ずかしさや照れ臭さもあったようです。でも、今は違います。相手チームの選手は『ありがたい』と言いますし、ブースターにも『いいことですね』と言われます」

試合内容は、より激しく、アグレッシブに。しかし、戦いを終えると、同じバスケットボールを愛する人間として和やかに。ドラゴンフライズのアリーナは、そんな空間を目指している。

2023年、朝山は現役引退を表明してシーズンに臨んでいる。ホームアリーナでは、かつてのライバルからのメッセージが流されることがある。遠征先の試合会場では、ライバルチームから花束を贈られ、アリーナから拍手を受けることも少なくない。

「相手チームのブースターから直接声をかけてもらうこともあります。対戦相手からもメッセージをもらいます。嬉しいですね。これまで広島でやってきたことが間違いではなかった。やってきたことが返ってきたようにも感じます。これだけたくさんの人に支えてもらったということを実感してキャリアを終えられることは、幸せだと思います」

ベースは勝負である。企業や地域を背負って、かつて、そのハードさは熾烈を極めていた。そんな舞台だからこそ、成長できることもある。ワンプレーへの執念、仲間を助ける気持ち。それでいて、後に引きずらないスポーツマンシップ……。

その経験が、「平和」を理念とするチームで昇華した。ハードにぶつかり合いながら、試合終了後は相手にリスペクトの気持ちを拍手で示す。接戦もあれば、切り替えの難しいような敗戦もあった。しかし、朝山とドラゴンフライズは、対戦相手に拍手を送り続けてきた。

ラストシーズン。これまで送ったリスペクトと拍手が、今度は朝山に送られている。彼が最後にアリーナを後にする瞬間まで、バスケットボールは、彼に多くのことを語りかけてくれる。

ルール15 愛するチームのためには、嫌われ役にもなる

嫌われることは怖くない。嫌われることを考えて行動することもない。いい人に見られようとも思わない。

痛烈な経験がある。2013年、朝山は人生で「たった一度」の戦力外通告を受けている。ミスターバスケットボール・佐古賢一らと共に4シーズンにわたり国内最強チームであるアイシンシーホースの黄金時代を築いてきた。しかし、2011年に佐古が引退すると、朝山の心境にも変化が生じていた。

「佐古さんがいなくなって、優勝も経験させてもらって、自分が主力の立場になっていました。そこで、自分が聞き役になってチームをまわそうとしたのですが、逆に『自

分というもの』がなくなってしまいました。先輩がいなくなって、自分に周囲が見えている感覚があって、考えすぎて、いい人になろうとしてしまった感じです。半面、自分自身のプレーヤーとしての魅力が消えてしまいました。あのときが、人生初の戦力外通告でした」

そもそも、真っ直ぐに思いを伝える人間である。空気を読むより、空気をつくるのが朝山のスタイルだ。ときには強引なまでの情熱でチームを引っ張ってきた。そんな男だからこそ、Bリーグ草創期の地方クラブの困難を乗り越えられたはずである。

朝山は神奈川県選抜のメンバーとしてジュニアオールスター（都道府県対抗ジュニアバスケットボール大会／２０１９年を最後に大会終了）優勝も経験している。一方で、彼が通う横浜市立西谷中学校は「ごく一般的な」バスケ部だった。

「週の半分は体育館を使うことができず、屋外のグラウンドで活動していました。先生も指導者という感じではなく、練習メニューも自分たちで決めるチームでした。選抜チームでは、午前も午後も体育館で十分に練習ができました。ギャップは感じていましたね」

そこをスルーできないのが朝山である。

「もっとしっかりやんなきゃ」

自分が経験した練習メニューや熱量を、地元のチームメイトにも求めた。情熱を持って、チームを引っ張った。率先して誰よりも練習をすることで、風を吹かせようとした。

「高校や大学でも、同じ傾向があったかもしれません。同級生も『朝山は怖かった』って言いますから。いやなヤツだったかもしれません。ウザかったでしょうね。でも、そんなの関係ありません。勝ちたかったです。その一心で、チームメイトからのブーイングも出させないくらいの勢いでした」

仲間に合わせて、寄っていくことはしない。自信を持って先頭を走る。すると、チームメイトはこっちを向くようになってくる。

勝ちたい。成長したい。その原動力は幼少期にあった。

「うちは、普通の家庭といいますか、そんなに裕福なほうではありませんでした。服も靴も4歳上の兄のおさがりでした。周りを見れば、新しい自転車に乗っているヤツもいれば、駄菓子屋で好きにお菓子を買っているヤツもいました。ゲーム機に50円玉を次々に投入する友だちもいれば、新しいバスケットシューズの仲間もいました。決して貧乏をしていたわけではありませんが、裕福ではなかったです」

だからこそ、やるからにはバスケットボールで身を立てたかった。折しも、1997年には外山英明や長谷川誠が、日本人プロ1号として誕生した時代だった。

「企業チームがプロ選手と契約するようになっていました。僕も、将来はバスケットボールで稼いでやろうと思っていました。そのために、どうするか。やること、やるべきこと、やらないこと、生意気かもしれませんが自分の中ではっきりしていました。負けたくないものにはとことんぶつかる少年でした」

現代社会においては主流でないリーダーシップの形かもしれない。目標と理念をぶつけて、体で示しながら全力で引っ張っていく。妥協も打算もない。あるのは、情熱だけである。

ドラゴンフライズ草創期も、このアプローチでチームをまとめあげた。2015年ドラゴンフライズに移籍、当初はBリーグでも2部（B2）が主戦場だった。朝山は、経験の浅い選手と共に戦うことになった。

「年齢も離れていて、他の選手からすれば怖い存在だったと思います。でも、自分の思うことは積極的に伝えるようにしました。言うべきことは遠慮せずに言いました。

いい人になるのは簡単です。同意して、協調して、楽しい思いだけを共有すればいいのです。いい人になろうとすればするほど、自分の芯になるものはぶれてしまいます」

ただ、朝山も、若き日とは違った方法論も学んでいた。熱い思いを伝えるタイミングである。

「相手のことを考えずにどんどん思いを伝えて衝突していたのが20歳代です。30歳代になって、相手が受け入れやすいタイミングで伝えることを意識するようになりました」

そのために、手間はかかる。若い選手たちと、共に語って、笑って、生活を共にして。食事を共にする機会も格段に多くなった。

遠慮など必要ない。熱くたって、格好悪くなんかない。そして、いい人になる必要なんてない。朝山の頭には、今も「人生初の戦力外通告」がある。

ただし、42歳。キャリアを積んだベテランは、絶妙のタイミングで「熱い思い」を仲間の胸に届ける。

この人に聞く

森田憲吾 トレーナー

朝山正悟　現役20年の鉄人イズムに迫る

チーム創設の時代から携わってきた。朝山とは9年を超える付き合いだ。トレーニングメニューからのアプローチ、精神面からのバックアップ、さらにはケアの技術である。

独自の理論を持つ森田憲吾トレーナーは、朝山への興味と敬意が尽きない。

「今も、年々よくなっています。ここ2～3年でも一番いいですね。まず、体に痛いところがありません。40歳を超えて体重も落ちていることもあって、走れています」

朝山ほどタフな競技人生を送ったプレーヤーはいないだろう。妥協なく相手にぶつかっていくプレースタイル。30歳代での大きな故障もあった。おまけに、コート外の活動にも積極的なため、休養が十分ではないことも多い。

ともすれば「短命」に終わってしまうこともあるだろう。それが、現役20年だ。求道者のようなトレーナーは、明るくカラッとした声で即答する。

「逆に、怪我や大変なことがあったからこその長いキャリアだったと思いますよ」

朝山は、自称「昭和型アスリート」である。強度の高いトレーニングで体を追い込む。ケアを積極的には受けない。風呂やサウナ、仲間とのコミュニケーションで、リフレッシュは完了するタイプである。

「最初は、ケアをなかなか受けてくれませんでした。確かに、体は強くパワーもありましたが、可動域はよくなかったです。背骨や肩甲骨などの動きは悪かったですね」

職人の色合いが濃いトレーナーだ。トレーナーも分業の時代だが、彼は、トレーニング・治療・テーピング・リハビリを一気通貫で担う。叩き上げの男だからこそ、「昭和型」の気持ちもわかる。

「朝山さんにも積み上げてきたものがありますから、そこは尊重しました。僕の考えは押しつけません。でも、ケアをすることはなくても会話はしっかりするようにしていました」

2015年11月、転機が訪れた。朝山は左膝前十字靭帯損傷の大怪我に見舞われたのだ。しかし、男気の塊が簡単に戦線を離れることは主義に反する。

「前十字靭帯は切れていました。ただ、半月板を含めた周囲は痛めていませんでした。実際、動けていましたし、その状態でプレーするアスリートもいないわけではありません。本人も『やりたい』『これならできる』ですからね。佐古ヘッドコーチやドクターとも話し合って、『気が済むまでやらせてやろう』という方向になりました」

朝山の視線の先には、年明けの天皇杯があった。しかし、練習中に前十字靭帯のみならず周辺も痛めてしまい、ついに戦いの場を離れることになった。

ここから、心だけでなく体も、森田に委ねるようになった。故障からの復活だけではない。効率的な体の使い方で、負担の少ない動きも追求するようになった。

「膝の負担のこともありますから、変えていく部分も必要でした。体の全体を連動させて使えるようにしようと思いました。骨や関節がしなる感覚です。その結果、姿勢もよくなります。体のすべてを使うことで疲れにくくなります」

ガツガツいくだけではない。はぐらかすような体の動きにも挑んだ。ケアやトレーニングへの意識も一変した。

2016年、朝山はBリーグ元年の舞台に帰ってきた。しかし、今度は2017年、シーズン途中のヘッドコーチ解任や後任の退団があり、朝山は「選手兼ヘッドコーチ」の激務を背負うことになる。主力選手としての練習もあれば、コート外での仕事もある。睡眠時間も十分ではない。本人は弱音を吐かないが、体を触れば、わかる。

「ケアしていても、背骨や首にハリがあるのです。VTRを見ることも多いでしょうし、ストレスも大きかったのでしょう。これまでとは違うハリでした」

トレーニングも必要。ケアも必要。なのに、時間がない。激務の選手兼任ヘッドコーチから森田は目を離さなかった。動きに異変はないか、少しでもケアに充てられる時間帯はないか、スキマ時間で構わない。朝山の体を助けたかった。

「アサさん、夜で構いませんからウチに来てください。お風呂やサウナに入ってからでいいです。何時でも構いません」

週に一度くらいだろうか、森田の自宅でのケアが始まった。

「絶対に怪我をさせるわけにはいかない」

トレーナーとしても必死だった。さらに、森田は大胆な提案をする。練習メニューの「事業仕分け」である。時間がないのだから、さらなる高みを追い求めることは現実的ではない。リスク承知で、絞り込むのだ。

「練習メニューは足し算をしていきたくなるものですが、捨てる作業をしました。まず、重い負荷のウエイトトレーニングを捨てました。軽い負荷や自体重でのトレーニングだけです。フォーカスするのは、体をつなげることです。それに、自体重のトレーニングならジムに通う時間がなくてもできますからね」

必要は発明の母だった。しかも、鬼のような強烈さを持つ母性である。重い負荷での強化ではない。淡々と体幹にアプローチする。達成感は薄いかもしれないが、これが、激動を駆け抜ける唯一の道だった。

すると、面白いことが起こる。朝山は激務の2017－18シーズンを完走し、翌2018－19シーズンには自己最多のシーズン1774分（平均32・16分）の出場を果たしている。37歳にしてキャリアハイに到達したのだった。

「すべての人に通じるわけではないかもしれません。アサさんは、これまでやってきた土台や体の強さがありました。そこに、柔らかい動きや全身のつながりへのアプローチです。こういったことが、つながった実感がありました」

42歳、引退を表明、二人のゴールテープが見えてきた。充実の動きはトレーナー冥利に尽きる。しかし、森田の緊張感は解ける気配がない。

「私のモットーは、体が原因でプレーできなくなる選手をいなくすることです。全員をベストの体でコートに送り出したいです。なので、アサさんを最後の試合までしっかり怪我なく送り出さないといけません」

どこまでも職人肌のトレーナーは、朝山から大きな影響を受けた。

「人によって態度を変えないことです。忖度は必要ありません。主力選手でも、ベンチスタートの選手でも同じです。ベテランにも言うべきことは言わないといけません。実は、試合に出ていない選手のケアもとても大事で繊細です。気持ちはあるのに動く時間が少ないわけですからね。それに、体に何かを抱えていても『大丈夫です』と言うことが多いですから」

あらゆる課題に、正面からぶつかっていった。胸のうちもぶつけあった。真っ直ぐで、熱くて、こだわりが強い。それでも、二人はウマがあった。

ガツガツ。ゴツゴツ。そんな響きの似合う二人が生み出した、しなやかな動き。逆境があってこその20年。42歳の体は、ひとりで立っているわけではない。

義理も人情も

人間関係のルールブック

曲がったことが大嫌いである。依怙贔屓することも好まなければ、依怙贔屓されることも好まない。みんなで勝利を求めるからには、みんなで喜びを分かち合いたい。レギュラーも、ベンチメンバーも、スタッフも、ファンも。同じ「頂」を目指す仲間である。

理想論は夢物語ではない。朝山正悟は、どこまでも真っ直ぐに「理想」を目指す。だから、ぶれることがない。

義理も人情も大事にする。一方で、打算の二文字に興味はない。スポーツって、本来はそういう世界であるはずだ。真っ直ぐ進むと、ぶつかることもある。しかし、ぶつかったときこそ、真の仲間に気づくことができる。

２０２４年、引退を決めたラストシーズン、アリーナからは朝山に惜しみない声援が送られる。かつてのライバルたちからも労いのメッセージが送られる。チームメイトは、朝山が追い求めてきた泥臭いバスケットボールで花道を飾る。

絵空事ではない。実際、そんな理想を持つチームは強かったし、愛されていた。だから、彼は胸を張って人間関係について語ることができる。

朝山の「激アツ」の人生観に触れれば、彼がブースターから「アニキ」と慕われる理由が見えてくる。

チームの魂を仲間に伝えることを大事にする朝山。とくに寺嶋良には「自分と同じような温度感を感じる」という

ルール16
周囲の評価に左右されない——人情も友情も、自分で決める

ずっと優等生だったわけではない。学級委員長でもなかった。中学校のルールでは禁止だったが、休み時間に自動販売機でコーラを買った経験もある。多少の喧嘩の記憶もある。

少しやんちゃな友人もいたが、彼らも貴重な財産である。

「あのときの地元の仲間が、今も試合を見に来てくれます。ここまで現役でやってこられたのは、彼らがいたからです。絶対に裏切らない大事な仲間は、僕の支えでした」

朝山は、曲がったことが大嫌いだった。自分の損得は関係ない。間違ったことからは目を背けることができない。

「僕は体も大きくて、自分を強く見せようとするところもありました。ヤンチャな友だちともつるんでいました。バスケットボールはやっていましたが、そういう仲間とも行動していました。すると、周囲は、（スポーツで）表彰とかされている僕だけ区別して扱おうとしました。その仲間たちと付き合わないようにも言われました。おまえは、その輪に入らないようにと注意してくる人もいました。彼らはちょっと授業をサボるような悪ガキだったかもしれませんが、区別して扱おうとすることが許せませんでした」

スポーツの優劣や学業の成績は、人としての評価に影響などしてはならない。同じ仲間だ。

朝山は、そういった意識が強かった。

「大学でもそうでした。バスケットボール部のメンバーが増えると、レギュラー中心のAチームと、それ以外のBチームに分かれて練習するようになります。もちろん、チーム内でも競争は必要ですが、AチームとBチームで練習の時間帯や環境が大きく違うことに納得ができませんでした。バスケットボールがやりたくて入ってきたのに、Aチームはしっかり練習できてBチームは十分な練習ができないのは違うと思いました。自分がAチームだからよいということではありません。プロではないのですから、同じように競技をやれるべきではないかと考えていました」

朝山は早い段階から、バスケットボールで能力を発揮した。成長と共に、周囲の見る目は変わっていく。しかし、同時に、大人たちに疑問を持つようになっていた。

「曲がったことは嫌いです。その基準は自分の信念にすぎないかもしれませんが、仲間意識や絆って、何よりも大事だと思います」

世田谷学園高校時代は、熱血の度合いがピークだった。1年生は練習中に水を飲んではいけない。休み時間に下級生は先輩の昼食メニューを聞き、買って届ける。そんな時代だった。ただ、一線を越えると、朝山は許せなくなる。

「先輩の昼食を買って届けるのですが、お金を払わない上級生もいます。しかも、そういう人って相手を見てやっています。弱い後輩、試合に出ていない後輩、お金持ちの後輩……そういうのって、許せますか？　こうなると、僕は、引けませんね」

正義感を曲げることはできない。自分に不利益があったかどうかが問題ではない。やり方が許せないのだ。相手が上級生であっても、躊躇なく意義を唱える。

「ならば、やめます」

朝山は、しばらくの間、部活動に姿を見せなかった。バスケットボールの技術の問題ではない。そんな部に参加することを、彼の正義感が許さなかった。放課後、いつもは体育館でボールを追っていたはずである。しかし、この時期、朝山はバスケットボールのない時間をもてあました。

そんなとき、彼を励ましたのが地元の仲間だった。かつて「付き合うな」と言われた、あの仲間である。

「ここで一緒に遊んでいちゃだめだろ。正悟はしっかりバスケットボールに向き合ってくれ」

一周まわって、あのときの友情が前を向く原動力になった。朝山は一度はやめようとも考えたバスケットボールに、あらためて全力を注ぐようになった。

「あの頃の毎日に何の後悔もありません。このガキがいきがって迷惑をかけたことは反省しています。確かに、今、プロ選手としての職業にプライドは持っています。コート上のことはいくらか評価してもらっているかと思います。上手だから、日本代表だから。評価は周囲がしてくれればいいことです。でも、自分の生き方の評価は自分でしたいです。周りの評価で付き合う人を変えるとかしたくはありません」

尖っていた。今のように、穏やかな表情で矛盾を消化する術は持ち合わせていなかった。しかし、朝山の根底は変わっていない。

「バスケットボール選手になってからも、いろんな局面で、自分を助けてくれる人が必ず現れました。人との出会いがなければ、ここまでやってくることはできなかったと思います。それは、心から仲間と思える人たちとしっかり向き合ってきたからです。トゲトゲした部分はなくなったかもしれませんが、貫くことのできた選手生活だったと思います」

取材を重ねるほどにわかってきた。朝山は、周囲が思うよりも不器用なのかもしれない。ただ、彼が示す強烈な方向性が、難局を乗り切るリーダーシップにつながってきた気がしてならない。

ルール17

どんなところにも、やれることはある

ジャンルを問わず、プロの世界はシビアである。チームスポーツであっても例外ではない。

いかに強い絆があったとしても、ベンチ入りの人数が増えるわけではない。試合に出られるのも、サッカーは11人、野球は9人、バスケットボールは5人と決まっている。チームが抱える選手の数にも上限はある。笑顔で新人を迎えれば、同じ数だけの別れがある。生存競争から生まれる強さもあるだろう。一方で、足を引っ張り合うようなことも、皆無だとは言い切れない。

「プロって、ある意味では『周りのことなんて関係ない』という世界です。誰かが落

ちれば、自分は上がっていく世界です。そりゃチームですから、表面上の仲のよさはあるかもしれません。でも、実際は、誰かが落ち込んだときに、見て見ぬふりをする人も少なくありませんでした。むしろ、それをチャンスと思う人もいるはずです。日本代表にも召集されましたが、合宿では、まず多めに選手は呼ばれて2週間に1人とか落とされていきます。受け入れなきゃいけませんが、受け入れたくなかったです」

甘いのかもしれない。理想論かもしれない。悩んだこともあった。ましてや、バスケットボールは40分間のプレータイムをチームメイト同士で争う側面もある。

「誰もが思うことは、自分が活躍してチームが優勝することです。でも、全員がそうなることはありえません。どこかで誰かが、我慢して自己犠牲でチームの力になることだって必要です」

高校、大学、社会人、プロ。カテゴリーが上がるほど、選手たちは厳しい生存競争を勝ち抜いてきたエリートになってくる。試合に出たい。ライバルに勝ちたい。存在感を高めたい。そんな闘志が高まるほどに、当初の目的である「チームの勝利」という優先順位が下がってしまうこともある。

勝ちたい。理解はしていながらも、やはり自分の出場機会や活躍を優先する選手たちを多く目にしてきた。キャリアを重ねる中で、朝山の心は揺らぐこともあった。自分の考えは理想論だったのか？　プロとしては甘かったのか？

違った。２００９年、28歳で移籍したアイシンシーホースには衝撃を受けた。１９４７年創部、２００２〜05年は全日本総合選手権（天皇杯）４連覇を達成、ＪＢＬの歴史の中で数々の金字塔を打ち立てた名門チームである。朝山の初年度は天皇杯で6度目の優勝、ＪＢＬで2連覇も成し遂げている。

「衝撃でした。本当にチャンピオンチームとはどんなものか知ることができました。アイシンはみんなが同じ方向を向いています。自分が試合に出て活躍することを目指しながら、自分のやるべきことは何か考えています。チーム内で困っている人があれば助け合い、試合に出ていないときでも自分のやれることを探しています」

好プレーにはエールを送る。アドバイスも送りあう。精神的にも励ましあう。ミスターバスケットボール佐古賢一、日本代表の小宮邦夫、さらに高辻周孝、チャンピオンチームのメンバーたちは輝いていた。ベテランの域に入っていたが、チームの背中を懸命に押す姿は印象的だった。猛烈な競争社会に身を置きながらも、チームとしての貢献を考える。「王者の品格」のようなものがあった。

「もう、人生に大きな杭のようなものをドスンと打ち込まれたような感覚です。それまでずいぶん葛藤がありました。仲間を大事にしたい。助け合いたい。蹴落とすなんて考えられない。そんな自分は、この世界ではやっていけないのかと思った時期もありました。でも、やはり曲げたくないですし、許せないものは許せません。そんなときにアイシンというチームに出合ったわけですから、これは大きかったです。自分はこれでいいと思うことができました。もちろん、準備はしますしチーム内でも勝ち抜くために全力を尽くします。そのうえで、自分に出番がないときでも、やれることを探すようにしました」

とくに、当時39歳の佐古の一挙手一投足には胸が震えた。日本トップクラスの名選手も晩年に近づき、出場タイムは少なくなっていた。それでも、限られたチャンスの中で存在感を発揮する。ベンチでは、あらゆる状況を想定してチームメイトにアドバイスを送っている。

朝山もアイシン入部1年目はレギュラーではなかっただけに、佐古とベンチで過ごす時間も短くなかった。技術だけではない。ミスターバスケットボールたるゆえんを、肌で感じ取ることができた。

「みんながメンターの気持ちくらいでないと地力のあるチームにはなれません。スター選手であっても、試合に出なければ役割がないようなチームではいけません。スター選手がベンチに下がっても役割があるチームが勝てるチームです」

余談だが、当時のアイシンには、試合に出ていなくてもチームへの貢献を評価するシステムがあったという。勝ちを知るチームの真の姿を、朝山はキャリアのど真ん中で体感することができた。

忘れられないチームメイトがいた。２００１年に来日した元ＮＢＡプレーヤーの桜木ジェイアールだ。19年間アイシンシーホース（シーホース三河）一筋を貫き、キャリア通算１０９９１得点のスーパープレーヤーである。２００７年に日本国籍を取得し、日本代表でも活躍した。

２００９年、天皇杯で優勝したときのことだ。表彰式では、ベンチ入り12選手にメダルが授与された。

「あのとき、主力のジェイアール（桜木）は、自分の優勝メダルを、ベンチ入りできなかった13番目の選手に渡したのです。僕は移籍1年目で、『すげぇ』と思いました。主力メンバーだけでなく、ルーキーに至るまでチーム全体にそういう文化が広がっています。なぜアイシンは強いのか考えると、強い選手が揃っていることだけではありません。人のつながり、人の思い、チームで戦っていく大切さ、義理・人情。そういう要素が大きかったと思います」

まだBリーグ誕生前、企業スポーツの色が濃かった時代である。円熟の30歳代を前に、朝山は「真のプロ集団」を見た。揺らがないプロとしての軸。これは、このときまだ誕生していなかったドラゴンフライズの「哲学」にも影響を与えていく。

ルール 18
共感した思いは受け継いでいく。そして、託す

2017年5月28日、ドラゴンフライズはB1昇格を懸けて、入替戦に挑んだ。結果は、横浜ビー・コルセアーズに敗れ、悲願を成し遂げることはできなかった。

この夜、試合を終えた佐古ヘッドコーチらは、チームの後援会が主催する食事会に参加した。本来なら、昇格を果たした彼らを祝福するために設けられた席だった。「来シーズンも頑張ろう」。そんな激励の声を受けると、佐古と朝山は車を東へと走らせた。深夜の二人きりのドライブで向かった先は、郊外の温浴施設だった。深夜1時を過ぎていた。これまでも、二人は風呂やサウナでコミュニケーションをとることはあった。しかし、今回は時間帯も空気も違った。

深夜の大浴場は二人きりだった。他に客はいない。深夜の凛とした空気を、佐古の声が切り裂いた。

「オレ、ヘッドコーチを辞めようと思う」

引き留める言葉は浮かばなかった。ただ、申し訳ない気持ちでいっぱいだった。入替戦で勝利していれば、佐古は、進退どころかヒーローだったはずである。それに、佐古の性格は知っているつもりだった。

「あの人が自分で決めたことですから、僕なんかがとやかく言えることではありません。しっかりと決断しての言葉です」

誰もいない浴場に、男の決断が響いた。このあと、地域を挙げての残留活動が始まるのだが、朝山は、決断が覆らないことは覚悟していた。

2015年、朝山はドラゴンフライズにやってきた。すでに、チームは佐古ヘッドコーチ、大野篤史アシスタントコーチ（現・三遠ネオフェニックスHC）の体制でスタートを切っていた。価値観を同じくする二人で、チームの土台を築こうとしていた。

「また佐古さんと一緒にやれる。ワクワクしかなかったです。時間はかかるかもしれませんが、佐古さんと大野さんのいるチームでしっかりやろうと思いました。僕がやるべきことのイメージ化はできていました。強いアイシンで一緒にやらせてもらったときの雰囲気にするのが仕事だと思っていました」

チームは2シーズン目だった。スポンサー契約交渉は難航し、ユニフォームスポンサーがない状況での船出だった。練習施設もなく、地域の体育館などを転々とする日々だった。経費節減のため、遠征に参加する選手の数を減らしたこともあった。

「でも、僕はやってやろうと思いました。これだけしっかりした考えのリーダーが二人いて、あとは自分がコートでやっていくことです。イメージはできました」

しかし、ハードルは環境面だけではなかった。チームの選手は、日本代表の竹内公輔はいたものの、これまで所属したチームとは経験値や意識が違った。

「20歳代の若い選手ばかりで、勝者のメンタリティーを持っていませんでした。自分はいろいろな経験をしたので信念はありましたが、周りもそういうマインドにしていくのは大変でした。ルーキーなんかは、その日その日を生きていかないといけません。そういう立場の選手に、メンタリティーなどを唱えても、すぐには理解してもらえない部分もありました。正直、少し時間はかかると思いました」

追い打ちをかけるように、問題も起こった。コート内の意思疎通だけではない。練習環境、移動の問題のみならず、チームを存続させるために佐古や大野、主力選手の朝山までもが奔走することになった。

若い選手を動揺させてはならない。そして、勝者になるための意識も浸透させなければならない。技術や戦術だけではない。むしろ、意識である。Bリーグ草創期、朝山のようなトップ選手が各チームで「真のプロ意識」を説いてきた。こういった積み重ねがあってのBリーグだと痛感する。

ただ、発展途上の選手だ。すぐに使える技術、勝利に直結する戦術に興味は傾く。だが、大事なのは「意識」であり「メンタリティー」だ。朝山は、後輩らに伝えるタイミングを探った。

「物事を伝えるにあたって、大事なのはタイミングだと思います。そのためには、選手たちとなるべく多くの時間を過ごして、伝えるタイミングを探りました」

練習会場だけではない。食事にも誘った。風呂やサウナにも一緒に行った。部屋で一緒にテレビゲームに興じることもあった。ただ時間と場所を共有して、心の開いたタイミングでバスケットボール選手としての心を語りかけた。

「自分のコートでの経験も話しました。バスケットボールのことはもちろん、そこへの思いも伝えました」

そうやって、ドラゴンフライズは一歩一歩階段をのぼった。Bリーグが開幕した2016-17シーズン、ドラゴンフライズはB2（Bリーグ2部）からのスタートだったが、1年目でB2西地区の2位に浮上。プレーオフ進出も果たし、勝てばB1昇格の入替戦の出場権も手にしていた。

2017年5月28日、横浜ビー・コルセアーズに勝利すれば悲願の昇格だった。しかし、53対74の大差での敗戦、B1の壁は厚かった。

「選手のポテンシャルを引き出すことができなかった。ゲームの出だしがコントロールできなかった。覚悟を持って臨んだが、最初の1クォーターでこのゲームに飲み込まれてしまったところは経験の無さであり、今シーズンやってきたことができない結果となった」（佐古HC試合後コメント）

佐古は、すべての責任を背負った。しかし、朝山の脳裏に焼きついているのは、この日の背中だけではない。あらゆる苦難を受け止めてきた姿だった。

「佐古さんの辛そうな姿は見たくなかったです。あの人もバスケットボールに集中できる環境ではありませんでした。物事をもっとスピーディーに決定したかったと思います。チームを背負って考え込むことも多かったように思います。そういう苦悩の姿は見たくはなかったです。一方で、見ることができてよかったとも感じます。その後、自分もいろんな辛い時期があるわけですが、あのとき向き合ったことが経験として生きました。正面から受けて立つ姿。バスケットボールに集中したい、結果を出したい。そうはいかない。見たいものではありませんでしたが、目にしたことは僕の財産です」

憧れの人との再スタートは、ハッピーエンドにはならなかった。しかし、意味がなかったわけではない。佐古の魂は受け継がれ、2020年に朝山らはB1昇格を果たした。

「佐古さんとの日々を振り返ることはありません。キリがないですからね。佐古さんが退任して自分が思いを引き継いで、それが自分のキャリアにつながりました。しっかり向き合えたと思います」

42歳、ラストシーズン。最後の1日まで、朝山は、あの日々からの学びを後輩たちに語っていく。その話に目を輝かせる選手もいる。その一人が、リーグ屈指のポイントガードで日本代表にも選出された寺嶋良だった。

苦悩して、共有して、継承する。あのときは若かったチームも10年目を迎えた。ようやく、組織に「文化」のようなものが垣間見えるようになってきた。

ルール
19
チームの魂は、体を張って伝えていく

42歳、現役引退にあたって、「チームに何を残すか」を問われることも多い。しかし、そんなに簡単なものではない。文化や風土は、残そうとして残せるものではないのだ。

「何かを残す側より受け取る側の問題です。自分のやってきたことがそのまま伝わるかというと、そうではありません。性格も違えば、生きてきた背景も違います。相手の受け止め方や温度感が大事だと思います」

2015年、尊敬する佐古の背中を追って広島にやってきた自分自身は、その哲学を受け止めるアンテナが敏感だった。

「あのとき、僕は、佐古さんの人間性を含めすべてを知っているつもりでした。広島にやってくるときに『伝えたいものがある』と言われていましたから、すべて受け取るスタンスでやってきました」

朝山は、ドラゴンフライズ入団直後に膝の故障に見舞われた。それだけに、戦術や技術以外にも意識が強く向くようになっていた。

「怪我で試合に出られませんでしたから。オンコートだけでなくオフコートでもやれることを考えるようになりました。そういうことの積み重ねが、チームの色のようになっていくものだと思います」

佐古が伝えていたものは、技術や戦術だけではなかった。もっと漠としながら、もっと不朽のものだった。時代と共に変わるものではなく、時代を貫く強烈な「軸」のようなものだ。

あきらめない。どんな状況でも泥臭くボールを追う。地域やファンを大事にする。ヘッドコーチや経営陣が明文化したわけではない。民話のように、選手から選手へと伝わることを願ったものだった。

朝山は、そのイズムを受け継いできた自負がある。それを、プレーで表現してきた。体を張って示してきた。

「このチームが大事にしてきたことを、自分の体で表現してきたつもりです。『これが広島ドラゴンフライズだ』というものをやってきました。自分自身がいろんなやり方で見せてきましたので、自分としては悔いなくやれたと思っています。あとは、その時々の選手が見つけてくれれば大丈夫です。言葉も、行動も、それぞれが受け取ってくれればいいです」

そこには、幾分の謙虚さがある。自分のすべてが正解だとも思っていない。また、受け継いできたものの解釈が、すべてにおいて正確だという保証もない。

「僕が晩年になったからこそできることもあるでしょう。選手や時代によって、側面はさまざまです。これは違う。これは参考になる。それぞれが学びとって、チョイスしてくれればいいです」

そんな朝山に、強い関心を示す選手が現れた。2021年、ドラゴンフライズに移籍してきた寺嶋良である。日本代表にも選出されるポイントガードは、人気・実力ともチームトップクラスである。ことあるごとに朝山と行動を共にし、その価値観に耳を傾けた。

「自分と同じような温度感を寺嶋に感じます。きっと、佐古さんは僕にこんなことを感じたのだろう。そんな気持ちで寺嶋に接することが多いです。もちろん、他の選手とも長い時間を過ごしてきましたが、彼といる時間はさらに長くなっていきました」

そもそも、寺嶋は大の読書家だ。少年時代は図書館のある建物に住み、今も、引越し先は書店へのアクセスを考慮するほどだ。頭の中で培った理論を照らし合わせるのに、朝山の激動の人生はピッタリだった。だからこそ、朝山に対して前のめりになった。

「最初は食事に行って、近況とか考え方とか雑談でした。7割が人生の話、2割がバスケットの話、1割がもっとバカな話です」

寺嶋は食らいついてきた。ことあるごとに、朝山に意見を求めてくる。過去の経験を聞き出そうとする。

「僕も、いろんなモヤモヤを佐古さんにぶつけたものです。そこから、考え方を学んだものです。寺嶋は、自分に比べても『いい子過ぎるくらいいい子』です。ただ、話していても、自分と世界観が近いように感じます。それに、聞いた話を自分の中で消化できています」

物事のコツや解答を求めてくる人は多い。しかし、寺嶋は違う。すぐにコートで使る。

えるものではないかもしれないが、もっと長く深いスパンでの学びを得ようとしてい

「ドラゴンフライズの歴史とかでも、知っているのと知らないでプレーするのとでは、『ここでプレーする重みが違ってくると思います』って、寺嶋が言ってくれました。しっかり受け止めているように感じます」

コートに立つ意義……この地域で活動する意味……。

対話はどんどん深くなっていく。相手の攻略法でもない。チーム戦術の確認でもない。16歳離れた二人は、チームの根底に流れるものを確認しあう。朝山は、そんな後輩の姿に胸を張る。

「こういう選手は、いざというときに強いです。思いを背負っている人間は、逆境にも強いです。この地でユニフォームを着ている意義を大切にする選手は頼もしいです」

受け取る側との出会いは、偶然や運命の要素もある。イズムは、残そうと思って残せるものではない。一方的に継承もできない。

貪欲に耳を傾けるちょっと古風な後輩の台頭があってこそ、朝山は、安心してユニフォームを脱ぐことができる。二人の対話は、まだまだ続いていくことであろう。

ルール20
アドバイスはタイミング。見返りは求めない

42歳、プロバスケットボール選手とすれば極めて長命である。30歳にもなればベテランとして扱われる世界だ。朝山は日本代表も経験し、34歳で広島にやってきた。立ち上げ間もないチームにはノウハウの蓄積がなかった。チーム事情でヘッドコーチを兼任した時期もある。それだけに、アドバイスを求められることは多い。しかし、朝山はやみくもに意見を押しつけない。

「大切にしているのはタイミングです。思ったときに口にすればいいわけじゃありません。相手が受け入れられるタイミングで伝えることです。僕だって、そうじゃないと、『うるせぇよ』となってしまいます。せっかくのアドバイスが反発を呼び、受け

流されるのはもったいないです。これって、アドバイスじゃなくおせっかいですからね」

この「タイミング」が難しい。バスケットのシュートも、野球のバッティングも、突き詰めればここに行き着く。コミュニケーションも同じようだ。

「相手が聞く耳を持つ状態であるか見極めることを大事にしています」

そのためには、相手を観察する時間の絶対的な量が必要になる。声をかけ続ける必要もなければ、頻繁に食事を共にする必要もない。視線を送り、観察して、雰囲気を感じる。難しければ、周囲の力も借りる。

「トレーナーやスタッフには助けてもらいます。その選手がどんな状態かを聞いて、コミュニケーションのタイミングを探ります。それに、観察した自分の見立てがすべて正解でもありませんから、周囲に聞いて、その選手の性格や違った一面も知るようにしました。こういうことには時間をかけました」

もうひとつ、胸に誓うことがある。どんなに相手のために尽くそうと、見返りを求めないことだ。発した言葉やメッセージに対して、絶対的な効果や即効性を求めない。

「そもそも僕が言ったことが、すべて正解かもわかりません。それに、アドバイスが結果につながるのにタイムラグがあります。伝えたいことがあるから、伝えるというスタンスです。すぐに何かを変えようとか思わないようにしています」

即効性は求めない。起爆材にもなろうとしない。

いつか役に立つかもしれない……。

引退後の次の人生で役に立つかもしれない……。

成果も見えなければ、銘板に名が刻まれるようなこともない。それでも、未来へのボディーブローを打ち続ける。見返りは求めない。それでいて、責任は存分に背負う。算盤に合わない作業を積み重ねる。

「それがチームをつくるということです」

カッコよすぎるかも知れないが、これが強いチームをつくるということなのである。

まだプロリーグが誕生する前ではあったが、日本のバスケットボール界に「プロ意識」は存在していた。日立サンロッカーズ、OSGフェニックス、レラカムイ北海道、アイシンシーホース、三菱電機ダイヤモンドドルフィンズ名古屋。5チームで、プロ契約選手と共に戦えば、企業を背負う男たちとも時間を過ごしてきた。勝てるチームになるための特効薬はないと知った。

石垣を積み上げている実感すらないだろう。それでも、チームのために「何か」影響を与えようとした。言葉で発し、背中を見せることで、チームにカラーが出てくる。何層も重ねることで、唯一無二の色合いが生まれてくる。

「優勝するチーム、強いチーム。こうやったら勝てるというのが明確ならば、みんなが同じことをやるでしょう。本当に正解のないものをみんなが探しています。その作業の繰り返しです。答えのないものを追求するわけですから時間はかかります」

どのスポーツであれ、オーケストラであれ、地域に根づいたアプローチを模索する中で「愛されるチーム」が生まれていく。「何色」とは言えない。何層も積み重ねた独特の風合いを持ってこそ、チームに文化が培われるのであろう。

謙虚さの中に、わずかな自負もある。だから、自信を持って後輩たちにメッセージを届けたい。

「僕が42歳まで現役をやれたというのは、ひとつの結果かもしれません。その経験を、タイミングを考えながら伝えたいです。見返りも関係ないです。ドラゴンフライズはいいチームになって、優勝して、喜びを分かち合えれば、それがすべてです」

このチームで9年、意見がぶつかることもあった。トンネルの出口が見えず、頭を抱えたこともあった。厳しい言葉を発したこともある。佐古がやってきた。朝山もやってきた。苦楽を共にした仲間たちも同じようにやっていくことであろう。

漆塗は、漆を木に塗り重ねて食器などを漆器に仕上げる技術である。加飾の技法により、その美しさに視線が集まることが多いが、実用の側面も大きい。漆を塗り重ねることで、食器類の強度も増す。耐熱、耐湿、抗菌、防腐……。

「僕のやっていることは、チームの文化をつくっている工程の一部でしかありません」

謙虚さと諦めの向こうに、希望が見える。朝山の言葉には、人生を積み重ねた職人にも似た響きがある。

この人に聞く

小島豊
コジマホールディングス会長

朝山正悟「受けて立つ」の源流を求めて

逃げない。避けない。受けて立つ。朝山の生き方は、これらの言葉に凝縮されている。練習環境が十分でなくても、チーム内で困難が起ころうと、朝山は試練に真っ向勝負である。

最大の困難は、2017年、シーズン途中にヘッドコーチが解任となり、中心選手でありながらヘッドコーチ兼任となったことであろう。あのとき、世の中の論調は「バスケットボールでのヘッドコーチ兼任は負担が大きすぎる」だった。主力選手としてのコンディション維持、相手チームの分析、戦術の構築、練習メニュー作成。さらに、チームの「顔」としての活動もあった。

「いくらなんでも……」

当時を取材していても、そんな空気は実感するところであった。しかし、朝山に極めて近い男は違った考えを持っていた。

建築資材などの販売を主な事業とし、広島に本社を構えるコジマホールディングス・小島豊会長である。ドラゴンフライズを初期から支えてきたベテラン経営者である。

「ヘッドコーチのライセンス、人柄、人気も含めて、朝山さんしかいないと思っていました」

付き合いは、長い。小島はドラゴンフライズ誕生直後に、佐古賢一ヘッドコーチ（当時）や西明生GM（当時）と出会っている。そこからの縁で、朝山とも時間を共にすることが多くなった。今や、ホームゲームの半分は観戦に訪れるほどだ。チームを見る目と経営者としての人生経験に、朝山は信頼を寄せた。食事を共にするだけではない。小島は、人生の先輩としてアドバイスを求められることも少なくなかった。

「ヘッドコーチ兼任のときも相談に来ました。言ったのは、『どんなことでも、受けて立つ』ことでした。難局から逃げてはいけません。とにかく、前向きによいことを考えて、よい行動をすることです。それと、悪い言葉を吐かないことです。そんな会話を覚えています」

小島の金言は、人生経験に基づいている。

「バブル崩壊後、うちの会社もピンチになった時期がありました。（融資が）回収不能のリスクがあると懸念もされたくらいです」

しかし、小島は下を向かなかった。目をそらすことなく、真っ向から難局に挑んだ。そして、前向きなことを考え、前向きな言葉を口にするようにした。

「すると、環境事業部や耐火事業部などを中心に、業績が急回復したのです」

本人らの努力もあるが、時代背景もあった。アスベストへの規制が強まり、社会でも健康への影響問題への関心が高まった。2006年には、石綿新法（アスベスト法）が成立している。そこから、小島の会社はV字回復を果たし、ドラゴンフライズのオフィシャルパートナーになるなど社会に貢献しながら発展を遂げている。

「難局に遭遇したとき、受けて立つ気力があれば8割は解決です。立ち止まってはいけません。大事なのは、今です。昨日までの失敗を悔やんでも仕方ありません。行動あるのみです」

朝山も順風満帆ではなかった。シーズン中の好不調もあれば、故障もある。本人に問題はなくても、チームに試練が訪れることもある。

「生き方について話をさせてもらうのですが、朝山さんはしっかり聞いてくれます。選手としても素晴らしいですが、彼は、ファンを大事にして、ファンの心をつかんでいます。ドラゴンフライズとすれば、『この人を逃してはいけない』と思います」

すっかり、バスケットボールに心をつかまれている。

「点がたくさん入るし、めまぐるしい試合展開です。体のぶつかり合いもあって、スリリングなスポーツです。見ていて楽しいです」

ドラゴンフライズとの縁を大事にし、朝山にも惚れ込んでいる。それだけに、人生経験からの言葉が追い風になるのならば、いくらでも吹かせる心意気だ。

「朝山さんは、お付き合いの中でも紳士だと感じています。人間的な魅力も大きいです。選手には、やはり選手寿命というものがあると思います。でも、朝山さんには、そのときにできることをやって、チームが勝つための行動をしてほしいです。誰もが好きになる人間ですから、私も、一生応援していきたいです」

小島は、経営者の後進らに講話を求められることがある。そのなかで、考えが熟成され、「繁栄の方程式」なるものにまとめた。

広げた大きな紙には、彼が考えた6カ条が書かれていた。

その2つ目「受けて立つ」という文字があった。

同じ広島で、フィールドは違っても困難に立ち向かった男の人生が、朝山に投影されている。地域とスポーツ、プロとプロ。魂の絆を感じる光景だった。

仕事も家庭も「100：100」

ワークライフバランスのルールブック

そもそも、バランスなど意識していないはずである。両手を広げ左右に揺らぎながらバランスを求める姿は似つかわしくない。どちらも全力。「100：100」なのだから、自ずとバランスはとれてくる。

試合に向けてコンディショニングもある。チームを地域に浸透させるための活動もある。おまけにファンにも「神対応」なのだから、時間配分は「ワーク」偏重になることは仕方がない。

しかし、朝山正悟は「ライフ」における決めごとも大事にする。朝は子供と共に起床し、朝食時間をとる。家族にわずかでも変化はないか、観察は怠らない。そして、一緒にいられるときは、めいっぱい一緒に楽しむ。

クワガタやカブトムシの話になると、彼は目を輝かせる。シーズンオフには、子供たちと山に向かい、クワガタやカブトムシを探したものだ。ワッフルやパンケーキも大好きだ。自分が100パーセント楽しむことで、家族とも100パーセントを共有できる。

ちょっと超人的かもしれない。しかし、読み進めると思わず笑顔になってしまう「朝山流・ワークライフバランス」論である。

24
バルコム
MINI

ルール 21 キャリアの評価は「悔いなくやれたか」

朝山には4歳上の兄がいる。なかなか勝てない相手だった。体が大きく、取っ組み合いになっても、優位に立つことはなかった。口をきかない時期もあった。

「僕が生意気で喧嘩になることが多かったですが、勝てませんでしたね。兄は今でも184センチあって、タテにもヨコにも大きかったです。漫画誌の『ジャンプ』なんかを僕が先に読もうものなら、もうボコボコにされました」

小学生のときは、中学生の兄に憧れた。中学生のときは、高校生の兄に憧れた。バスケットボールも、その影響だった。

兄・太郎さんは、石垣島で土産物店を営んでいる。神奈川県立都岡高校（現在は、県立横浜旭陵高校）でバスケットボールをしていたが、膝の怪我で競技生活にはピリオドを打っている。

「石垣島でダイビングのインストラクターをしていたこともありました。無人島で魚を釣ったり、植物の葉を食べたり……。そんな経験を聞くと、面白いですよ」

兄の話をすると、朝山の目は輝きを増す。その声のトーンだけでも、自慢の兄だということはわかる。

兄は大きく、強かった。つねに、仰ぎ見る存在だった。昭和生まれにはピンとくる、絆の中のタテ関係だ。思春期は、会話も少なくなる。兄弟であっても、和やかなばかりではない。そんな空気は、あるときから一変した。

「僕が中学時代にバスケットボールで日本一になって、そのタイミングで兄は怪我の影響でプレーヤー生活が終わりました。その頃から、弟である僕の活躍を喜んでくれるようになりました。いつも僕のチームの試合結果を気にかけて、兄弟の会話も増えました」

そこから、兄・太郎さんは、いつも朝山の理解者だった。競技人生の転機には、必ず、太郎さんが背中を押してきた。

朝山の試合に駆けつけることも少なくない。広島まで出向き活躍を見届けることもあれば、遠征先にやってくることもある。2023年、ラストシーズンの朝山は出場機会も少なくなってきた。それでも、兄は、いつもと同じ空気感でアリーナを訪れる。叱咤でもない。激励でもない。色分けのできない兄の言葉は、42歳の大きな支えになっている。

「おまえ、たいしたもんだな。この年齢まで動けてみんなと一緒にコートに立てている。スゲェよ」

日本代表も経験し、40歳代でも現役。エリート街道のキャリアである。しかし、勝負の世界に生きてきた。出場時間の減少にもどかしさを感じないわけではない。

「試合に勝ちたいのに勝てない。試合に絡みたいのに絡めない。兄は、そういったものを察してくれています。だから、あの言葉は嬉しいものでした」

兄の言葉が背中を押したのは、二度三度ではない。24歳でのプロ転向のときも、そうだった。

朝山は2004年、日立サンロッカーズ（現・サンロッカーズ渋谷）でキャリアをスタートさせている。まだ、バスケットボールのトップリーグが企業スポーツだった時代である。早稲田大学を卒業した彼は、日立製作所に社員として入社している。大企業に勤めながら、国内最高レベルの競技生活を送ることができるのだ。

しかし、朝山は1年でサンロッカーズを退団する。それは同時に、企業人として職を失うことになる。プロ転向の決断。まだBリーグもなければ、バスケットボールのプロ選手なんて佐古賢一ら数名しかいなかった時代である。

「上司の方も、怒っていましたね。驚きもあったでしょうし、そりゃ、怒りますよね」

名門チームで、練習環境も申し分なかった。人にも恵まれていた。キャリアを築くには、最高の環境だっただろう。それでも、決めた。

「1年やって、自分の『時間』というものが許せませんでした。満員電車に乗って会社に行くのですが、仕事がしんどいわけではありません。逆に、僕が何もしなくても、職場には何も問題がありません。そのことのほうが気にかかりました」

午前中は職場に顔を出し、午後は競技に集中する。いくらかの事務作業などはあるだろうが、一般的な企業スポーツの形である。むしろ、朝山のケースは恵まれた部類である。競技力向上のため勤務時間がネックになる場合、プロ契約を選ぶアスリートもいる。しかし、朝山のケースは、どちらでもない。彼の性分に根差した要素が強い気がする。

「もっと仕事がしたいのもありました。でも仕方ありませんよね。午前しか職場にいない人間に振る仕事って限られてきます。会社に出て、パソコンの前に座って、時間だけが過ぎていく。これが嫌で仕方なかったです。たまに仕事を振ってもらうと、嬉しくて、嬉しくて」

どこまでも、朝山らしい考えだ。会社員として、アスリートとして、さじ加減を探るような生き方はできない。没頭したい、没入したい、心を燃やしたい。

ならば、徹底的にバスケットボールに懸ける。すなわち、プロ選手としての移籍が彼の導いた答えだった。

「みんなに反対されました。親にしても学費を負担して大学を出して、就職できたわけですし。しっかりした企業に勤めることのほうが、将来の不安はないわけですから。しかも、Bリーグの時代ではありません。プロ選手も、ごく数人の時代でした。反対するどころか、怒っている仲間もいました」

24歳、心が揺れないわけはない。自宅への帰り道、電車を降りた朝山は携帯電話を手にした。不安になったとき、声を聞きたいのは、兄だった。

「とはいえ僕も強い人間ではなくて、不安なときもあるわけです。その都度、電話をするのは兄です」

ずっと朝山の前を走ってきた。いつしか弟の伴走をするようになり、今度は、後ろから背中を押すようになった。

「いいんじゃねえか。周りのすべてを理解しているわけでもないだろうし。悔いのないようにやったほうがいいんじゃない」

この言葉が決め手になり、朝山はプロ選手としての一歩を踏み出した。リーグで1年の実績しかない。より高額の契約を手にできる保証もない。彼が求めるのは、生き方としての「筋」だった。

2005年、朝山はOSGフェニックスに移籍、プロ選手としての契約だった。そこから成長を遂げ、2006年世界選手権（現・ワールドカップ）で日本代表候補に召集され、2007年にはJBLオールスターゲームでMVPに選ばれた。

真っ直ぐに生きる。言うは易く、やり抜くには覚悟がいる。今の朝山ではない。今の社会情勢でもない。24歳の若者が、Bリーグ誕生前の地平を切り拓く。一歩を踏み出すことができたのは、心が通じた兄の存在があったからだった。

ルール22 家族サービスで、過剰なくらいのエネルギーを注いでみる

先の見えない世界に踏み込んできた。リスクを恐れず、茨の道も厭わなかった。平穏な道と、苦しい道。選択してきたのは、いつも後者だった。

「茨の道に引き込まれていくような生き方ですよね。そういう方向に体が吸い込まれていくようなところがありました。大変なことが好きなわけではありませんが、そういう状況で何ができるか、どんな人と出会えるか。自分自身が燃えてくるところはあります」

しかし、朝山は一人ではない。19歳のときからの付き合いになる妻・亜矢子さんがいる。「学生時代からの仲で、お互いの苦しい時代を知っています。バスケットボー

ル選手というより、大学生が企業に就職して、そこでバスケットボールをやっているという感じだったと思います」。

今も、試合結果やプレーに妻が口を挟むことはない。それどころか、競技に詳しいタイプでもない。そっと、自然体で、朝山を支えてきた。

しかし、あのときだけは違った。入社1年で日立製作所を退社、プロ転向を決断したときである。

「もう、反対でしたね。せっかく大きな企業に入ったのに、なぜ、そんなリスクを背負うのか？　受け入れられないような雰囲気でした。僕が先の見えない世界に踏み込むことに、妻も僕の両親も反対でした」

自分の決めたことは、全責任を背負って完走する。結果論ではない。そのプロセスには、胸を張ることができる。

「何が失敗で何が成功かわかりませんが、投げ出さずにやり切ってきました。黙ってついてこいのスタイルですから、僕に何を言っても聞かないと思っていたでしょうね」

企業スポーツ主体の時代から、Bリーグへ。激動のバスケットボール界を生きてきただけに、プレーヤーもシビアな選択の連続だった。会社員からプロ契約。関東から、愛知へ、さらには、北海道、広島。引越しも多かった。日本代表の時期もあれば、選手兼任ヘッドコーチのときもあった。人生の十字路に立つたびに、朝山は、タフな道を選んできた。

「北海道へ移籍する頃に結婚して、彼女は、それぞれの土地に一緒に来てくれました。知らない土地だったはずです。プロ契約になって日本代表に呼んでもらい、おそらくですが妻の中でも認めるものがあったのだと思います。言って聞く人間でもないと思ったのでしょうね。僕の決断に何も言わないようになりました」

それでも、プロアスリートは、華やかなようで苦しい仕事である。悔しくて眠れない夜もある。プライベートの時間も限られれば、厳しい自己管理も必要だ。

「好きなことに、誇りと覚悟を持って向き合う姿は見せてきたつもりですが、父・夫としては胸を張れるものはありませんね。一緒にいてやれる時間も少ないし、子供の授業参観や運動会にもなかなか出席できませんでした。申し訳なかったという気持ちも強いです」

それでも、家庭では「父であり、夫でありたい」の思いは強かった。その情熱をぶつけるのが、シーズンオフである。ここに、朝山はすべてを注ぐ。

「シーズンが終わるとまとまった時間ができますから、ここに120パーセントの情熱です。シーズン中に苦労をかけていますから、この期間は、迷惑なくらいのエネルギーでいきます。朝から夕方までスケジュールを詰め込んで、動きの効率も徹底的に考え抜きます」

遊びの話だ。例えば、ディズニーランド。朝山は朝一番から現地に入り、閉園時間までアトラクションを楽しむ。パレードに人が集中する時間帯に人気アトラクションに乗るなど、効果的な予定も練っている。

「もう疲れてフラフラで、子供たちは帰りの車で眠っていました。でもこれで終わりません。翌日はディズニーシーです。また同じように、徹底的に楽しみます」

近距離のアクティビティーでも妥協はない。「広島県内でも、1日目が山なら2日目は海です。とことんやります。サイクリングやバーベキュー。スイカ割りなんかも、しっかり準備して臨みます。しっかり遊んでから風呂に行くこともありますから、一日中、水に浸かっているようなものですね」。

プレースタイルを彷彿とさせる。綿密な戦略と準備に基づいて、全身全霊を置いてくる。遊びに関しても、朝山は全力なのだ。そこには、常日頃の感謝といくばくかの罪悪感が凝縮されている。

ここまでのハードスケジュールが理想的ではないことには気づいている。しかし、この限られた時間に、やり抜くしかない。ディズニーランド、バーベキュー、スイカ割り……厳しい道を生き抜くほかなかったプロアスリートの、別の顔が見えてくる。

「こういった旅行のあとですが、疲れた子供が熱を出してしまったことがあります。本末転倒ですよね。シーズン中に家族には負担をかけていますから、とことんやってやろうと思ってのことなんですけどね」

シーズンオフの話になると、もう一度、背筋を伸ばす姿が印象的だった。プロバスケットボール選手として妥協もなければ、こちらにも全力であることが伝わってきた。

ワークライフバランス。

時代を象徴するような言葉も、朝山の前では肩身が狭そうに感じる。バランスなんてとろうとしていない。正真正銘、無邪気で全力なのだ。

ルール 23 まずは自分が夢中になる。そこから生まれるコミュニケーションがある

朝山は小学校高学年のとき、作文で「金賞」をとったことがある。テーマは、環境破壊だ。１９９０年代、全国的にニュータウン造成の時代である。自然豊かな山が切り開かれ、子供たちの遊び場がなくなっていった。ザリガニ、フナ、昆虫、秘密基地、楽しかった日々が大人の都合で取り上げられてしまった。

いつもは体が大きくやんちゃな朝山少年が、課題意識の強い内容で賞に輝いた。なんの賞だったか記憶していないが、学校の先生たちが大騒ぎしていたことは覚えている。

しかし、本人は社会への訴えを意識したわけでもなければ、作文で評価を求める気

持ちがあったわけでもなかった。

「横浜市で育ちましたが、近くの山に自転車で行ったものです。ノコギリクワガタが大好きでした。夜にワナを仕掛けるなど、いろいろやったものです。それが、ある日、パタンとクワガタがいなくなったのです。いつも通った山が、ゴルフ場や宅地になり、工事で入れなくなりました。その思いを作文にしただけです。金賞は僕自身も驚きでした」

そこから、朝山のクワガタの物語は途絶えている。ひょっとすれば、クワガタに夢中になることはないままだったかもしれない。

それが、チームの移籍で運命が変わるのがバスケットボールプレーヤーらしい。2015年の広島への移籍である。これまで全国を転々としてきたが、都会が中心だった。自然に恵まれた土地もあったが、代表活動などでプライベート時間が確保できなかった。

「広島に来たとき、子供が4歳と1歳でした。そのタイミングで長男とクワガタを採りに行こうとなりました」

しかし、朝山のクワガタ史は途切れていた。もはや、これらはホームセンターで販売されているものという認識が濃くなっていた。

「それが知人に聞くと、広島ではクワガタやカブトムシが採れるというじゃないですか。そのポイント（場所）を教えてもらって木を蹴ると、驚きでした。クワガタがボトボト落ちてきました。その瞬間、僕にスイッチが入りました」

子供のために山に向かった。しかし、スイッチが入ると無我夢中になるのが朝山である。それ以来、長袖、長ズボン、長靴、スコップ、手袋、ビニールシート……装備はどんどん本格的になっていった。いつしか朝山の自宅には、虫かごが10個も並ぶようになった。

同時に、クワガタから学んだことも思い出した。それは、子供たちには心に留めてほしいことだった。

「クワガタ採りのプロセスが僕を成長させてくれました。仲間を集めて、計画すること。自分で行動すること。山で危険を察すること。それに生き物の命です。せっかく捕まえたクワガタも、なかなか冬を越せずお別れになることが多かったです。その亡くなった命にどう向き合うかです。僕のときは、亡くなったクワガタは、また同じ山に埋めに行くようにしていました。せっかく飼うならば大事にしなければいけない。

最後まで向き合わないといけない。こういうことって習えるものじゃないでしょうし、経験しないとわからないことだと思います」

広島でのクワガタ生活は長く続いた。キャリアの激動期にあったが、ちょうどシーズンオフとクワガタは季節が一致することも大きかった。夢中になることが、現実のストレスを解放してくれた。

あれから9年が過ぎた。時の流れは無常である。

「今、広島でもなかなかクワガタやカブトムシが見つかりません。2~3年前、同じポイントに行ってみたのですが、ゼロでした。地球の環境はさらに変化していることを、あらためて実感しました」

環境破壊は止まらない。なにも、そんな大きなテーマを扱いたいわけではない。ただ、自然でしか学べないことはあまりに多く、社会での生活に役立つことはあまりに多いのだ。

「子供たちには、とにかく人の気持ちがわかり、思いやりのある人になってほしいです。人の思いを汲み取ることができる人間であってほしいです。自分で考えて、自分で行動できる人になってほしいです」

目標を決め、計画を練る。夢を同じくする仲間と、夢中になって挑む。無我夢中になりながらも、究極のリスクは気配から察知する必要がある。

カブトムシやクワガタも。アスリートとしての競技人生も。不思議なほど、一致してくるポイントは多い。

夢を持って、仲間と共に、リスクを恐れずに前へ。

長袖・長ズボン、山中で這いつくばる父親の背中。眩いばかりのコートで体を張ってボールを追う父親の背中。それらが重なって見えたなら、これ以上のメッセージはないであろう。

ルール24 いつか思いは届く。ただし、期限を決めてはいけない

学ばせてくれた仲間がいる。ドラゴンフライズの初代キャプテンを務めた平尾充庸である。2シーズンの在籍だったが、34歳になった2023-24シーズンも茨城ロボッツの中心選手として活躍している。4シーズン連続でキャプテンも任されるなど、リーダーシップにも定評がある。

9年前、朝山が移籍してきたドラゴンフライズにあって、チームを懸命に引っ張ろうとしていたのが平尾だった。まだ練習環境も十分でなければ、選手にプロ意識が芽生えているとは言い切れない状況だった。朝山は、26歳のキャプテンを懸命に支えようとした。

「何か力になりたかったです。生まれたばかりのチームを平尾は持ち前のキャプテンシーで一生懸命引っ張ろうとしていました。しかし、周りは、大学からやってきたばかりの選手たちです。うまく伝わらないこともあったようでした。彼自身も自分を見失うタイミングがあったように感じます。だからこそ、サポートしたかったです」

朝山は助言を惜しまなかった。気づきがあれば伝え、多くの時間を共にした。しかし、チームは簡単には変わらない。平尾は、情熱的で真っ直ぐな性格だ。朝山のサポートは熱を帯びていく。それだけに、前に進まないことがもどかしかった。

「あのときの反省は、僕が、見返りを求めてしまったことです。アドバイスしたのだから変わってほしい。伝えたのだから、できるようになってほしい。これって、見返りですよね。親身になっていただけに、そんな気持ちが強くなってしまいました」

あの時代からの学びである。変化は、次の日かもしれない。1週間後かもしれない、1年後かもしれない。ひょっとすれば、引退後かもしれない。

「そのタイミングをこっちが決めちゃいけません。すぐに効果とか変化を求めないことです。あのとき、平尾に対して、そう思って接することができませんでした」

ドラゴンフライズはまだ2年目だった。練習環境や選手層も十分でなければ、チームの存続が危ぶまれるほどだった。一方で、指揮を執るヘッドコーチはミスターバスケットボールの佐古賢一だ。

「そのギャップを埋めようとキャプテンの平尾は頑張っていました。経験のある選手なら消化できたでしょうが、若い選手ばかりでした。この世界がどんなものかもわかっていない人が大半でした。ゼロからのチームのキャプテンほど大変なものはなかったと思います」

練習に臨む準備、プロ意識、戦術の浸透、バスケットボールの技術、コミュニケーション。山積みの課題に、平尾は押しつぶされそうになっていた。

「そこをなんとかしようと声をかけましたが、すぐに変わるものじゃありません。当時の僕は、そこがわかっていませんでした。一方通行のコミュニケーションでした。まず、平尾の話を聞くことから始めるべきでした。これって、おせっかいであり、説教ですよね。相手の腑に落ちるタイミングで伝えるべきでした。それに加えて、成長や変化という見返りを求めてしまったことも大きな反省でした」

あの当時のドラゴンフライズは、一気に羽ばたくことはできなかった。初代キャプテンは思いを成し遂げられないまま移籍となった。佐古もB1昇格を果たすことなくチームを去った。

しかし、歴史は簡単に途絶えるものではない。

数年前、茨城ロボッツの主力選手になった平尾が声をかけてきた。

「アサさん。あのときの言葉、今になって本当の意味がわかります。今のチームで、そのままチームメイトに伝えています。めちゃくちゃ使わせてもらっています」

報われた瞬間だった。時間を経て、言葉と情熱が花開いたのである。

「相手に強要しないことです。感じたことを共有するくらいの感覚です。どれをどう捉えるかは相手次第です。その言葉で、一歩の踏み出し方が変わってくる。それくらいの感覚です。引き上げてあげよう、力になってあげよう。これって、おせっかいですから。たくさん経験をさせてもらって、たくさん失敗して、こういうことがわかってきました」

あくまで、種を蒔いただけである。すぐに芽を出すことを求めてはいけない。花を期待しすぎてもいけない。ましてや、自分のものにしようとすることは許されない。

現在、Bリーグは B1とB2で38チームが全国に根ざした活動を展開している。世界に通用する選手の輩出、スポーツ業界屈指のエンターテインメント、夢のアリーナ……進化はとどまるところを知らない。

日本全国に広がる熱狂の風景は、偶然のものではない。激動の時代を生きた男たちが蒔いた種によるものだ。

誰が蒔いたのかはわからない。

いつ蒔いたのかもわからない。

確認するためには、アリーナに足を運び、ひとつひとつのプレーに目を凝らすしかない。

朝山正悟

最後に語っておきたいこと

対話が終わった。
家族、仲間、競技人生、すべての点がつながった。
泥まみれになりながら歩んだ、懸命の轍。
それらは仲間たちを次なる景色に導くはずである。
これまでの人生を、飾らない言葉で吐き出した。
そして、最後に思うことは……。
この終章は、朝山の一人称の言葉で、
未来へと続く道を示そう。

苦しいことには心が燃える

自分の人生を回想させてもらったことで、自分は本当にバスケットボールに育てられたのだと実感しました。お話させてもらう中で、再確認したことがあります。やはり自分の人生はバスケットボールのおかげだということです。苦しいことや辛いことはたくさんありました。むしろ、楽しいことのほうが少なかったかもしれません。でも、大変なことに直面したときに多くの人に出会え、そのおかげで学びを得ることができました。こういったことが自分の財産なのだとあらためて感じることができました。

苦しいことが好きかって聞かれると、そりゃ好きではありませんよ。ただ、苦しいことに対しては心が燃えますね。それと、苦しいことに直面したとき、人間は成長できるのだと感じます。そこで見えてきた景色が、自分の財産につながってきました。

だからこそ、たった3回ですけど、日本一になったときの景色や達成感は素晴らしいものでした。一度優勝しても、もう一度見たい!!　もう一度見たい!!　あの舞台にもう一度立ちたい‼　そんな気持ちがどんどん強くなるんですよね。そして、その喜びをみんなで共有したいという思いも強くなっていきます。その繰り返しです。これがバスケットボールを長くやらせてもらうことができた大きな要因です。だから、大変なことがあったときにも、逃げずに真正面から受けて立つ道を選んできたのでしょうね。結果論かもしれませんが、自分の中では、そう思うようにしています。

苦しいときに誰と出会い、どう感じるのか。妙な表現ですが、そこが楽しみでした。困難なことに燃える。それが楽しみなところがあります。僕の考え方には、こういった要素が大きく影響していると思います。単純に、辛いことや寝られないことが好きというわけじゃありませんよ。寝たいし、ゆっくりしたいし、のんびりしたい。楽しいことは嫌いじゃありません。僕は苦しいことが好きなわけじゃありませんからね。

でも、そういうときだからこそ出会える人がいます。見えるもの、感じることがあります。こういうことが人生で大きいんじゃないかと思います。だから頑張ることができるし、楽しめるし、（体が辛いときも）朝にベッドから起き上がれるんじゃないかと思います。

本心では、20年の選手生活を全力で走らせてもらって、ゆっくりしたい気持ちもあります。そこで何が見えるのか、興味があります。自分のやってきたことに整理をつける時間も必要かなとは思ってはいます。でも、じっとはできないでしょうね。これからも間違いなく厳しい道を選ぶと思います。厳しい道、そうではない道。選択肢が現れたら、また絶対厳しい道を選ぶでしょうね。いや、厳しい道を選びたいです。どうしてなんでしょうかね？

バカなんだと思います（笑）。

でも、言えることがあります。僕は、純粋にバスケットボールが好きだということです。

バスケットボールが好きだから

僕がどんな人間かといえば、プライベートの部分では胸を張ることなんてできません。家族や世間に対して、自慢できたものではありません。でも、バスケットボールに対しては胸を張れるようにやってきました。なにひとつ偽るところはありません。本当にバスケットボールが好きという気持ちでやってきました。競技を通じて人とし

撮影のため、ゴールに向かって構えたときだった。「ここに入れるのは人生そのもの。泣きそう。やばいかも」と言った朝山の瞳がうるんだように見えた

ても成長させてもらい、これだけたくさんの人に出会わせてもらいました。苦しいことや辛いことに向き合い、失敗に立ち向かって、自分自身が受けて立つ精神でやってきました。このプロセスで得られたものは非常に大きいと思っています。だから、きっとまた厳しい道を選択すると思います。

今後について、あんまり考えたことはないですね。行ったことのないところに行ってゆっくりしたい気持ちもありますが、そこでもソワソワするんじゃないかなと思います。

ゆっくりすることは性に合わないかもしれませんね。ひとつ思うことは、息子2人がバスケットボールをやっているので、そこに時間を費やしたいです。自分がプレーヤーでやっていると、自分ファーストになってしまいます。僕がやっている姿を見せることが一番だと思ってきましたからね。今度は、息子の目線に立ってみて、その中でいろんな会話をしてみたいなと思います。息子のバスケットボールです。これまではできませんでしたが、現役を引退したならば息子の目線に立てるのかなと楽しみにしているところがあります。

それと、やはり頭にあることは、今後のバスケットボール界やドラゴンフライズのことです。

ドラゴンフライズが生活に入り込む光景

観客としてなのか現場に立っているのかはわかりませんが、もっと大きなアリーナが満員になっていることを夢見ています。日本のバスケ界も、ようやく1万人くらいが入るような大会もあり、代表戦も盛り上がっています。でも、どの試合であっても大きなアリーナが満員になる光景を見たいですね。

もっと言うならば、ドラゴンフライズが人々の生活に入り込むようになってほしいです。子供がドラゴンフライズのTシャツを着て学校に通う光景です。もっといろんな地域にバスケットボールのリングがあって、ドリブルを突きながら公園に向かう子供の姿が見られるようにもなってほしいです。

僕はお風呂やサウナが大好きなのですが、いつもカープの結果で喋っているおじさんっていますよね。あの光景も、僕からしたらうらやましいです。だって、あの人たちの中では（カープの選手の）顔と名前と結果のすべてが一致するわけでしょ。それってすごいことじゃないですか。どの地域に行っても、なかなかないですよ。試合の次の日、「昨日のあの投手は……」「なんで打てんかのぉ」とか。日常でこんな会話があるのは、カープであり野球が人々の生活に入り込んでいる証拠ですよね。これって広島特有でしょうし、スポーツを受け入れ、見る文化ができていることの証明ですよね。

いつかドラゴンフライズでも、観客がいっぱいの光景を見てみたいし、自分もその場に立ちたいです。人々の生活にドラゴンフライズやバスケットボールが入り込む姿を見てみたいです。今、ようやく近づいてきていますが、もっともっとです。それがあたりまえのようになったら、これほど嬉しいことはありません。その日まで、僕も目の前のことに真正面から全力でぶつかりたいと思います。

SoftBank

24
HIROSHIMA

あとがき

言葉には2種類しかないと思う。「伝わる言葉」と「伝わらない言葉」である。朝山正悟の言葉は、前者だった。20年にわたって激動のバスケットボール界を生きてきた。特に、キャリア後半はBリーグ草創期の地方クラブが戦いの場であった。彼の言葉は、広島ドラゴンフライズの未来を切り拓いてきた。

まだプロバスケットボール界で生きていく確信を持てない選手に。

まだバスケットボールが地域の力になりうると確信を持てない関係者に。

まだバスケットボールをどのように愛していいかわからないファンに。

彼の言葉は、強烈なメッセージであり、羅針盤となった。生まれたばかりのチームが消滅の危機に瀕したとき。チームの土台を築いたリーダーが不在となったとき。環境が激変し激流に飲み込まれそうになったとき。朝山の言葉が進むべき方向性を照らしてきた。

チームプレーの重要性、ファンを思う気持ちの大切さ、困難から逃げないこと。朝山のメッセージに目新しいものはない。むしろ、文字だけを追えば、道徳の教科書に出てきそうな響きすらある。それらの言葉を、朝山は絵空事にしない。生き様と論理で、言葉に息吹を吹き込んでいく。

言葉に力がある。表現のチョイスや話し方の抑揚のことではない。生き様から滲み出る力である。少年時代、バスケットボールをやめようとしたこともある。一方で、日本代表も経験している。企業チームのよさも知っていれば、プロの心意気も知っている。Bリーグ紀元前の最強チームであるアイシンシーホースで勝つ喜びも味わっていれば、戦力外通告も受けている。栄光と試練。苦と楽。希望と絶望。そんな究極の「交代浴」は、キャリア後半でエスカレートしていく。師と仰ぐ佐古賢一を追いかけ広島にやってきたものの、大怪我に見舞われる。復活すれば、今度は佐古がチームを離れる事態となる。Bリーグ草創期で、クラブの経営も不安定で、コート内に集中なんてできない。さらには、シーズン中にヘッドコーチが解任、朝山はヘッドコーチ兼任でプレーすることになる。

あらゆるシチュエーションで、火中の栗を拾ってきた。試練を真正面から受け止めてきた。

その経験から紡がれる言葉だから、我々の胸に響くのだ。

言葉には背景が必要である。コミュニケーションを生業とするものとして、ひとりのアスリートを追いかけた日々の結論である。

我々も及ばずながら、言葉の「背景」に厚みを持たすべく試行錯誤する。ニュース原稿は内容を理解して読む。できれば、現場も知っておきたい。スポーツ中継ならば取材である。放送内で読み上げるためにコメントを収集するのではない。取材とは、この漠たる「背景」を手にするための営みであると実感している。

今回の取材に、質問項目やメモは用意しなかった。テーマをひとつ提示すれば、朝山の情熱は堰を切る。「コートに立てば100パーセントを尽くす」「何歳になっても成長できる」「ベンチにいても役割はある」。理想論のような文字の並びに、朝山は高濃度のリアリティーを注入してくる。いつしか、どこかで耳にした標語のような言葉は、あっという間に熱量でいっぱいになる。圧巻は、「ファンサービスに、勝敗は関係なし」の項目である。ファンサービスは集客のためであり、選手のコンディションだけを考えれば最小限にするのが望ましいと考えていた。しかし、朝山の事実に基づいた論理には、異論の余地もない。

試合に敗れたあと、ファンサービスをするうちに気持ちが吹っ切れ、気がつけば写真撮影でピースサインをしていた。一方で、移動の関係でファンとのコミュニケーションもなく宿舎に直行したときは、気持ちの切り替えができず宿舎で悶々とすることがあった。翌日の心理状態の違いは言うまでもない。どちらも実話である。朝山の、経験に基づく比較は、論理的にも納得がいく。

だから「哲学」でなく、「轍学」なのである。知識や真理を深く考察するのが「哲学」ならば、ぬかるみに残された歩みの跡を包み隠さず明かし、プロセスからの学びを伝えるのが「轍学」である。個人的な造語ではあるが、本書のタイトルに相応しいと自負している。

この「轍」を辿る取材には、たくさんの方々のお力添えがあった。広島ドラゴンフライズの浦伸嘉社長や広報担当の三村諒さんには、シーズン中にもかかわらず格別のご配慮を頂き、万全の取材環境を整えてくださった。寺嶋良選手は、卓越の筆力と朝山選手へのリスペクトで、「現役選手による解説文」というハードルの高い構想を現実にしてくれた。社内では、中国放送報道制作局次長・笠間英紀、コンテンツセンター長の高山英幸が深い理解でバックアップしてくれた。そして、制作は、前作『生涯野球監督　迫田穆成　83歳、最後のマジック』の制作スタッフが勢揃いした。編集担当・江國晴子さん、写真家・元圭一さん（2022年日本広告写真家協会APAアワードグランプリ受賞）のゴールデンコンビが、この企画を鮮やかなものにしてくれた。

余談だが、2023年12月にお亡くなりになった高校野球界の名将・迫田穆成監督は、朝山選手の大ファンだった。亡くなる直前には、試合のチケットを購入し、直前までラストシーズンの戦いを現場で見ようとしていた。ある種、朝山の人間力が「磁場」のようになり、人が集まった感すらある。

「活字離れ」なんて言われることもあるが、朝山の言葉は活きている。力のみなぎった、文字通り「活字」である。どこかの一節でも、あなたの心に響けば、喜びである。文字ではなく活字。読書習慣を通じてそんな意味を教えてくれた母に、この本を捧げたい。

2024年3月　坂上俊次

解説

ミスタードラゴンフライズ

寺嶋　良

広島で初めて万雷の拍手というものを聞いた。

私が残り時間1秒で試合を決定づける劇的なシュートを決めたときに受けた拍手も、日本代表として活躍できたときに受けた拍手もそれには匹敵しなかった。

引退を宣言してからのラストシーズンで遂に決めた、角度のない角度からネットを揺らしたジャンプシュート。

朝山さんが広島に来てからの8年分の背景が拍手に込められて、いつまでも4000人がいる体育館に鳴り響いていた。

その拍手には感謝だったり、感動、勇気、そして寂しさだったりが込められていたように感じた。

共に戦っていた選手達、その瞬間を目の当たりにした観客にとって、本書は万雷の拍手の裏づけとなる作品でもあるように思う。

まえがきでも記されていたように、朝山さんには何度も本を出してほしいとお願いをしていた。

経験から何を学び、どのように考えているのかをたくさん聞いてきて、それらの言葉に、これまで読んできたどんな自己啓発本やエッセイよりも心が奮い立たされてきたからだ。

「広島の街で石を投げれば朝山ファンにあたる」という言葉があるように、この作品の出版に関してたくさんのファンが歓喜しただろうが、私以上にこの本が出版されることを喜んだ人はいないだろう。私にとって指南書であり、愛読本ともなる作品である。

本編でも綴られているように、朝山さんとはプライベートでもよく時間を共にするのだが、そんな私の携帯には朝山さんが話した言葉をメモしたものが残っている。そのとき発せられた言葉たちを生きたまま、保存したかった。録音ができたらそれが一番いいのかもしれないが本人に嫌がられてしまうだろう。

とにかく言葉を忘れることによって失うことが本当に怖かった。

だから、会食の帰りのタクシーや温泉から帰ったあとに、必死にメモを残した。

しかし、時間の経過と共にそこに残したメモというのは温度を失っていく。それはまるで言葉たちが死んでいくようだった。

メモを残したときにはあれほど熱を帯びていた言葉たちも今では、手のひらサイズの液晶に映っただただの文字にすぎない。

ただ、この本の言葉たちには朝山さんが憑依(ひょうい)している。

だからいつ読んでも、そこに熱を感じることができ、まるで本人がそこにいるかのようである。

今回の原稿をコメダ珈琲で読んだ日の、帰りの車内は、温泉で語り合った帰りの道中と同じ余韻と温かさに包まれていた。

これは坂上さんだからできる魔法なのだろう。これまでにもイベントなどでお仕事をご一緒させてもらったり、出版した作品を読ませてもらったりしてきたが、坂上さんは一言で例えるならば言葉の魔術師だ。まるで、言葉に命を吹き込むような力を持っている。

坂上さんの文章は距離感の近さが程よくて、読んでいて心地がいい。あんなに熱くて勢いのある文章なのに、程よい距離感を保ち続けているように感じるのだ。そして何よりも読者を飽きさせない。

朝山さんという最高の題材を最高の職人が磨き上げる。

こんなにも素晴らしい作品の解説を書けることは何よりも幸せである。嬉しく思うのと同時に、この作品がさらに素晴らしいものになるようにと、気持ちが引き締まる思いである。解説を書く人として私を選んでくれた坂上さんと、それを承諾してくれた朝山さんには、感謝の気持ちでいっぱいだ。

東北で試合をして、疲労困憊の身体で広島に着いたのは深夜だった。

帰るなり歯を磨いて沈むように寝た。

朝起きて、寝ぼけながらも布団にくるまりテレビをつけると、そこには爽やかな笑顔で朝のテレビ番組に出演している朝山さんの姿があった。

収録したものだと思っていたが生出演だったことに気づくまでには時間はかからなかった。帰宅後、準備の時間を含めると寝る時間などほとんどなかったのではないだろうか。

朝山さんが身体に鞭を打ちながらも、朝の番組に出演し続けるのは、決して自分の知名度を上げるためではない。広島ドラゴンフライズが広島住民の文化に根づくように毎日一人で戦っているのだ。そんな姿を近くで見ていて、少しでも力になりたいと思い、テレビ出演も含めたくさんのイベントに出演したこともあった。

しかし、朝山さんの代わりなど到底務まる気はしなかった。

何が言いたいかというと、広島ドラゴンフライズにとってあなたの代わりは存在しないということ。

目まぐるしく移籍が行われるBリーグにおいて、チームを去る選手がいても、入団してくる新しい選手によって、代わりが務められるのがこのリーグの摂理であるのだが、どうしても替えのきかない存在がいることを知った。

「ミスタードラゴンフライズ」という代名詞を背負うことに関して、そんなに深く考えたことはなく、「8年」というBリーグでは稀に見る長い在籍年数によるものが大きく反映されているのだと思っていた。しかし、今になってやっと理解することができた。

年月など概ね関係がないことを。どれだけドラゴンフライズを愛し、背負い、自己犠牲を伴い、戦い続けてきたのか。本人の思いの強さが広島ブースターに伝わったとき、初めてこの代名詞が定着するのだろう。

そして、朝山さんが引退を公表したことに関して、私自身もさまざまなメディアから質問を受けたが、そのときに答えた内容には少し誤りがあったかもしれない。

私に込み上げてきた感情は寂しさや悲しさ、不安などではなかった。

朝山さんが築き上げてきたものを、これからのドラゴンフライズに引き継いでいかないといけないという「使命感」を強く感じたのだった。

どの業界においても、耳を傾けるべき人、目標にすべき存在に出会えることは大きな幸運といっても過言ではないだろう。

3年前、ビギナーズラックによってBリーグの舞台でいいスタートを切った私にとって、京都から広島への移籍は不安でしかなかった。

そんな不安の渦中で、必死になって朝山さんの言葉に耳を傾け続けた。それは当時の私がプロバスケットボール選手として生き残るのに必要だと直感で感じたからだった。その選択が正しかったのかを判断する気はさらさらないが、ただ一つ言えるのは一切後悔していないということである。

この選択によって技術面だけでなく人間性の部分でも成長できたと感じているからだ。

何度か後輩から相談を受けることもあった。自分なりにアドバイスをしたあとに自分のアドバイスに自信が持てなくなり、朝山さんに温泉で相談したことがあった。そのとき、朝山さんは私以上にその後輩のことを気にかけていたことを知った。

「ただ、今はまだ彼が自分で答えを見つけられる段階にいるから大丈夫、ヤバくなったらこっちからも言うから大丈夫だよ」と適切なタイミングを待っているようだった。朝山さんはいつだって私に答えを教えてくれることはなかった。自分で答えに辿り着かせるように何かしらのヒントを示し続けてくれた（恋愛の攻略法を除いては）。

こんなふうに朝山さんから学ぶことはこれまでもたくさんあったが、印象に残っている一つの大きな発見がある。

カテゴリーに分けるならそれはリーダー論という分類に当てはまるだろう。みんなが知っての通り、朝山さんは誰からも信頼され、頼られ、引っ張っていく力がある。いわゆるリーダーとして必要な要素をすべて持ち合わせているのだが、どこか他の優れたリーダーとは違う要素も持ち合わせているような予感がしていた。

そんな予感はだんだんと確信へと変わっていった。

朝山さんが他のリーダーと違うのは、信じられる力よりも信じる力が強いということである。

仲間を信じ、スタッフを信じ、己を信じる。

だから自然と周りの人は惹きつけられ、魅了され、信じようとする。

チームが連敗をしたとき、誰もが仲間やコーチを疑い、チームの方針までも疑い始める。そんな状況になっても朝山さんだけは表情ひとつ変えず、みんなを信じていた。そんな空気がチームにも反映されて、チームが連敗をしても、怪我人が続出して苦しい状況でも、チームの内側は一度も崩れることはなかった。信じられることは信じることから始まるのだと教わった。

本書の中で、「7割が人生の話、2割がバスケットの話、1割がもっとバカな話です」と二人の会話の割合が綴られていた。バスケットの話が2割というのは少ないのではないかと思う人もいるかもしれないが、答えを自分自身で見つけさせるためであれば、この割合は十分な数字である。そして1割のバカな話では温泉の広い露天風呂中に笑い声が響き渡っていた。

コートの中では先輩として、コートの外では少し歳の離れたお兄さんのような存在として接してくれていた。

朝山さんは練習がない日には、さまざまな場所で講演活動を行い、テレビの情報番組にもコメンテーターとして出演している。感じたことも含め、形のないものを言語化する能力に秀でているのは誰もが知っているはずだ。

そんなあるとき、温泉で「幸せってなんだと思いますか」という答えにくい抽象的な質問をしてみたことがあった。

答えはあったとしても人それぞれ異なることはわかっていたが、朝山さんの答えが気になったのである。

すると微笑みながら、露天風呂からうっすらと見える星を探すように、「なんだろうなー」と一言目に答えた。珍しく言語化するのに困っている様子だったのだ。しかし、その言葉だけで十分だったように感じた。

その微笑んだ表情が、答えそのものだった。

後に、「子供の寝顔をみたときに幸せを感じる」「試合に勝った瞬間とかも幸せ」と幸せの瞬間を何個か教えてくれたけど、正直それらにはあまり興味が無かった。あの表情が真の答えだと思ったから。

やっぱり、みんながよく知るあの笑顔そのものが幸せの証明であり、言語化することと自体が不毛なのだと気づかされたのだった。

多くの人がテレビ越しに、または直接会ってあの笑顔やファンサービスに救われたのではないかと思う。

朝山さんの人生を追ってみてみると、いつだって誰かを幸せにしようとしている。人を幸せにすることが本人の幸せなのではないだろうか。

試合前にファンの子供たちに接したあと、道で声をかけられたときの対応後、必ずその人たちは幸せそうに去っていくのだ。

やっぱり、そんな偉大なあなたを超えることはできないけど、これからのキャリアを通して少しでも近づけるように頑張るので、これまでのように同じ仲間としても、弟のような存在としても、見守り続けてください。

ここまでいろんなことを書いたが、実は本書を読む前に寂しい気持ちと不安につつまれていた。とうとう最後なんだと実感してしまいそうだからなのと、引退発表後からいろんなところで朝山さんについて書く依頼があったりして、これ以上書くことがあるのだろうかという思いもあったのだ。

ただ読んでみて安心することができた。朝山正悟の第一章が完結して、第二章が始まる。なんとなくこれからさらに楽しみな続編があるように感じたからだ。

そして今回の解説に関しても、いざパソコンの前に座ると書きたいことがありすぎて、指定の4000字では収まりきらなかったのだった。

この作品をあなたが手にとって読んだとき、発行からどれくらいの月日が経っているかはわからないが、この本はいつまでも色褪せることなく朝山さんの熱を感じられる作品であり続けるだろう。

そしてまたいつか朝山さんの二冊目の本が読めることを願っています。

【大会】
B1＝Bリーグ1部、CS＝B1チャンピオンシップ、B2＝Bリーグ2部、PO＝B2プレーオフ、入替戦＝B1とB2の入替戦

【スタッツ表記】
G＝出場試合数、GS＝先発回数、MIN＝総プレー時間、MINPG＝平均プレー時間、PTS＝総得点数、PPG＝平均得点数、FGM＝フィールドゴール成功数、FGA＝フィールドゴール試投数、FG%＝フィールドゴール成功率、3PM＝3ポイントシュート成功数、3PA＝3ポイントシュート試投数、3P%＝3ポイントシュート成功率、FTM＝フリースロー成功数、FTA＝フリースロー試投数、FT%＝フリースロー成功率、OR＝オフェンスリバウンド数、DR＝ディフェンスリバウンド数、TR＝トータルリバウンド数、RPG＝平均リバウンド数、AS＝アシスト数、APG＝平均アシスト数、TO＝ターンオーバー数、ST＝スティール数、BS＝ブロックショット数、F＝ファウル数

	3P%	FTM	FTA	FT%	OR	DR	TR	RPG	AS	APG	TO	ST	BS	F
	0.0	1	1	100.0	3	1	4	0.4	1	0.1	1	2	0	3
	33.9	13	16	81.3	6	22	28	0.5	12	0.2	8	6	0	35
	0.0	0	0	0.0	0	0	0	0	0	0	0	0	0	0
	40.6	23	26	88.5	10	33	43	0.9	20	0.4	24	14	0	53
	40.1	60	69	87.0	16	103	119	2.2	119	2.2	67	38	3	104
	41.6	116	146	79.5	13	129	142	3.1	155	3.4	67	47	2	91
	38.2	163	207	78.7	14	123	137	2.5	144	2.6	91	31	5	122
	44.0	113	133	85.0	13	90	103	1.7	96	1.6	79	37	5	119
	42.7	92	111	82.9	17	77	94	1.6	61	1.0	54	33	4	86
	33.3	3	3	100.0	0	4	4	1.0	3	0.8	6	3	0	7
	14.3	0	0	0.0	1	0	1	1.0	1	1.0	2	0	0	2

■ アイシンシーホース
2010年／天皇杯優勝
2011年／天皇杯優勝
2012-13／JBL優勝

■ 広島ドラゴンフライズ
2016-17／B2プレーオフ出場、入替戦出場
2019-20／B1昇格
2022-23／チャンピオンシップ出場（クラブ初）

■ 日本代表
2006年／キリンカップ出場、世界選手権（現ワールドカップ）代表候補選手

朝山正悟　Bリーグ シーズン成績（2016〜2024）

2024年３月20日時点

年度	大会	G	GS	MIN	MINPG	PTS	PPG	FGM	FGA	FG%	3PM	3PA
23-24	B1	10	0	49:39	4:57	3	0.3	1	12	8.3	0	11
22-23	B1	52	0	390:08	7:30	99	1.9	33	79	41.8	20	59
22-23	CS	0	0	0	0	0	0	0	0	0.0	0	0
21-22	B1	50	6	572:42	11:27	129	2.6	39	95	41.1	28	69
20-21	B1	55	33	1438:34	26:09	479	8.7	169	387	43.7	81	202
19-20	B2	46	46	1436:05	31:13	613	13.3	203	472	43.0	91	219
18-19	B2	55	55	1774:54	32:16	847	15.4	283	683	41.4	118	309
17-18	B2	60	17	1423:02	23:43	612	10.2	204	465	43.9	91	207
16-17	B2	60	44	1412:00	23:32	543	9.1	183	413	44.3	85	199
16-17	PO	4	4	89:01	22:15	22	5.5	7	19	36.8	5	15
16-17	入替戦	1	1	27:13	27:13	5	5.0	2	10	20.0	1	7

戦績・日本代表・受賞歴

■ 横浜市立西谷中学校

1996年（2年）／神奈川県選抜としてジュニアオールスター（都道府県対抗ジュニア大会）優勝

■ 世田谷学園高校

1999年（3年）／ウインターカップ（全国高等学校選手権）3位、大会ベスト5

■ 早稲田大学

2002年（3年）／インカレ（全日本大学選手権）3位、優秀選手賞、得点王

2003年（4年）／李相佰盃日韓学生競技大会出場（日本学生選抜代表）

■ OSGフェニックス

2005-06／JBLスーパーリーグ準優勝

2007-08／JBLオールスターゲームMVP

朝山正悟

あさやま・しょうご

(広島ドラゴンフライズ)

1981年6月1日生まれ。神奈川県出身。192センチ88キロ。シューティングガード兼スモールフォワード。世田谷学園高校、早稲田大学卒業後、日立サンロッカーズ（現サンロッカーズ渋谷）へ入団。その後、OSGフェニックス（現三遠ネオフェニックス）、レラカムイ北海道（現レバンガ北海道）、アイシンシーホース（現シーホース三河）、三菱電機ダイヤモンドドルフィンズ名古屋（現名古屋ダイヤモンドドルフィンズ）と移籍し、2015年に広島ドラゴンフライズへ。16年のBリーグ開幕後はチームの主力として活躍。2017-18シーズンには選手兼任ヘッドコーチも務めるなど重責にも心を燃やした。20年に悲願のB1昇格に貢献。チームの勝利、普及発展活動に先頭に立って力を尽くし、誰からも信頼され愛される存在。2023-24シーズンはアシスタントコーチ兼任。開幕前に同シーズンをもって現役引退することを発表した。

坂上俊次

さかうえ・しゅんじ

(中国放送アナウンサー)

1975年12月21日生まれ。兵庫県出身。カープ戦通算600試合を中心にスポーツ実況を担当。高校野球の名将・迫田穆成監督の人生を追ったラジオ番組『生涯野球監督　迫田穆成〜終わりなき情熱〜』では取材・構成・ナレーションを担当し、第77回文化庁芸術祭賞大賞に輝いた。2020年度JNN・JRNアノンシスト賞テレビスポーツ実況部門最優秀賞、ラジオスポーツ実況部門では優秀賞（04年・06年・19年）。主な著書に『生涯野球監督　迫田穆成　83歳、最後のマジック』(ベースボール・マガジン社)、『朱に交われば朱くなる　広島ドラゴンフライズ、逆境からの軌跡と奇跡』（秀和システム）、2015年度第5回広島本大賞を受賞した『優勝請負人』（本分社）、『「育てて勝つ」はカープの流儀』（カンゼン）、『惚れる力』（サンフィールド）など。広島県ホッケー協会理事、ちゅうごく5県プロスポーツネットワーク・コーディネーター。

YAKINIKU
SAKAI
HOLDINGS
NOVA

TSVK
10

轍学（てつがく）

広島（ひろしま）ドラゴンフライズ 朝山正悟（あさやましょうご）

人生（じんせい）のルールブック

2024年4月20日　第1版第1刷発行

著　　者　坂上俊次（さかうえしゅんじ）

発 行 人　池田哲雄

発 行 所　株式会社ベースボール・マガジン社

〒103-8482 東京都中央区日本橋浜町2-61-9

TIE浜町ビル

電　　話　03-5643-3930（販売部）

03-5643-3885（出版部）

振替口座　00180-6-46620

https://www.bbm-japan.com/

印刷・製本　広研印刷株式会社

Printed in Japan

ISBN 978-4-583-11677-8 C0075